하늘을 사는
사람들

신우인의 하늘 이야기 2

하늘을 사는 사람들

저자_ 신우인

1판 1쇄 발행_ 2009. 2. 19.
1판 7쇄 발행_ 2021. 4. 1.

발행처_ 포이에마
발행인_ 고세규

등록번호_ 제300-2006-190호
등록일자_ 2006. 10. 16.

서울특별시 종로구 북촌로 63-3   우편번호 03052
마케팅부 02)3668-3260, 편집부 02)730-8648, 팩스 02)745-4827

값은 뒤표지에 있습니다.
ISBN 978-89-93474-07-7 03230
ISBN 978-89-93474-05-3 세트

독자의견 전화_ 02)730-8648
이메일_ masterpiece@poiema.co.kr

좋은 독자가 좋은 책을 만듭니다.
포이에마는 독자 여러분의 의견에 항상 귀 기울이고 있습니다.

신우인의 하늘 이야기 2

하나님의 땀이 맺힌 인생들!

하늘을 사는 사람들

창세기 下

THE STORY OF HEAVEN

신우인 지음

포이에마
POIEMA

어느 날 밤 한 유대인이 예수님을 찾아옵니다. 그와의 문답 중에 예수님이 이런 말씀을 하셨습니다. "내가 땅의 일을 말하여도 너희가 믿지 아니하거든 하물며 하늘 일을 말하면 어떻게 믿겠느냐"(요 3:12).

그의 이름은 니고데모입니다. 니고데모는 율법을 열심히 지키는 바리새인입니다. 바리새인은 율법 준수를 통하여 하나님의 복을 받겠다는 사람들입니다. 율법의 기본은 십계명입니다. 그런데 이들은 열 개의 조항을 2,134개로 확대해놓았습니다. 그 이유는 여러 가지가 있겠지만, 십계명을 누구보다도 잘 지켜 하나님의 복을 누구보다도 많이 받아보겠다는 것입니다. 그런 바리새인들과 예수님은 언제나 충돌하였고, 예수님은 이들을 가장 신랄하게 비판하셨습니다. 급기야 이들은 예수님을 십자가에 못 박아버립니다.

　종교는 땅의 존재가 하늘의 존재를 만나기 위한 행위의 총체라고 정의할 수 있습니다. 그 행위는 치성, 예배, 헌금, 헌신, 수양, 계율 준수, 고행, 선행 등등 종교마다 각각 다릅니다. 그 행위를 통하여 섬기는 신을 만나고 그 신으로부터 복을 받고, 종래는 그 신의 세계(천국, 극락, 무릉도원 등)로 들어가겠다는 것입니다.

　'천기누설天紀漏泄'이라는 말이 있습니다. 하늘의 뜻, 신의 뜻을 깨달은 사람이 그것을 사람들에게 알려준다는 것입니다. 주로 고매한 승려나 무당, 점쟁이, 도사 등과 관련하여 사용하는 말입니다. 그들은 하늘의 존재와 통하는 특별 비밀 수단을 알게 되어 자신들만이 하늘의 존재와 내통하게 되었다고 합니다. 그리고 사람들은 그 천기를 얻어보겠다고 그들에게 존경과 권력과 부와 명예 등 특별한 대우를 합니다. 바리새인들이 만들어놓은 2,134개의 복잡한 율법 조항도 천기누설의 한 통로라고 할 수 있습니다. 바리새인들이 누렸던 특권들도 백성들이 제공한 것입니다.

　하나님의 아들인 예수님은 직접 이 땅에 오셨는데도, 대접도 제대로 받지 못하셨고, 고생 고생하시다가 십자가에서 처참하게 돌아가셨습니다. 그러자 따르는 무리들도 모두 뿔뿔이 흩어졌고 예수님의 부활 승천 후에도 마가의 다락방에 모인 무리의 수는 고작 120명 정도였습니다. 만약 예수님이 부활하시지 않았다면 이나마도 모이지 않았을 것입니다.

이 모든 것이, 예수님의 종교관과 사람들의 종교관이 다르기 때문에 생긴 일들입니다.

무병장수·부귀영화·만사형통이 기독교의 목적이라면 예수님은 굳이 이 땅에 오지 않으셨어도 됩니다. 다른 종교가 이미 누구보다도 잘 하고 있기 때문입니다. 그런데 예수님이 오셨습니다. 그리고 바리새인들과 날카로운 각을 세우셨습니다. 한마디로 "너희들이 틀렸다"는 것입니다. 하나님의 뜻을 바리새인들이 오해했다는 것입니다.

지금은 어떨까요?

기독교인들은 하나님의 뜻과 예수님의 마음을 올바로 이해하고 있을까요?

혹시 목사는 천기를 깨달은 특별한 사람으로 사람들 위에 군림하고, 사람들은 무작정 추종하는 것이 아닐까요?

추종하는 이유는 무병장수·부귀영화·만사형통을 위해서가 아닐까요?

예수님이 다시 오신다면 우리더러 잘하고 있다고 하실까요?

아니면 우리는 예수님을 못 알아보고 다시 각을 세우고 어떻게 해서든지 그분의 입을 봉하려고 할까요?

'누설'이란 어떻게 해서든지 막아보려는 의도가 좌절되었다는 뜻입니다. 프로메테우스는 신들만이 사용하는 불을 훔쳐서 인간에게 나눠주었습니다(불을 누설했습니다). 그런 그에게 형벌을 주는 것이 다른 신들의 뜻입니다. 그러나 하나님은 전혀 다릅니다. 모든 사람들이 하나님의 뜻을 알기를 간절히 바라십니다. 그래서 하나님의 아들이 이 땅에 오신 것입니다. 성경은 바로 그 하나님의 뜻을 고스란히, 명확하게, 밝히 드러낸 하늘의 책이요 하나님의 말씀입니다.

밝히 드러내신 하나님의 뜻을 사람들은 계속 왜곡시켜 자신의 방식대로 해석·적용하며 살았습니다. 예언자들을 보내어 다시 가르쳤지만 사람들은 그들을 박해하고 죽였습니다. 듣지 않겠다는 것입니다. 급기야 하나님의 아들이 친히 오셨습니다. 그리고 말씀하십니다.

"내가 땅의 일을 말하여도 너희가 믿지 아니하거든."

"하물며 하늘 일을 말하면 어떻게 믿겠느냐?"

온 천지만물, 우리가 딛고 사는 땅도 하나님이 만드셨습니다. 하나님의 선물입니다. 그런데 하나님의 마음을 제대로 읽지 못한 사람들이 이 귀한 선물을 엉망진창으로 만들어버렸습니다. 그러고는 그 진창에서 아우성을 칩니다. 나만은 잘 살아보겠다고 그 비결을 찾아 헤맵니다.

사람들은 열심히 성경을 뒤지며 복 받는 비결과 공식을 찾고 만들어냅니다. 그러나 이것은 하늘 이야기를 열심히 땅의 이야기로 환원시키는 것입니다.

예수님은 니고데모에게 이런 말씀도 하셨습니다. "물과 성령으로 나지 아니하면 하나님 나라에 들어갈 수 없느니라"(요 3:5).

그러자 사람들은 즉시 이 말씀을 생각합니다. 그리고 천국 가는 공식을 만들어냅니다. "아, 물로 거듭나는 것은 '물세례', 가만 있자, 그러면 성령으로 거듭나는 것은…옳지, 성령을 받은 가장 두드러진 증거는 '방언'이지." 그래서 '물세례＋방언＝천국'이라는 공식을 만들어 사람들에게 시행합니다.

물세례를 받고 방언하는 사람에게는 천국이 보장되었다는 것입니다. 과연 예수님의 의도가 그런 것일까요? (물세례와 방언을 평가절하하는 것이 절대 아닙니다.)

니고데모는 신실한 사람입니다. 율법 준수와 십일조는 물론 열심히 선행을 행하는 사람이었습니다. 바리새인이었음에도, 귀족이었음에도, 진정한 구원을 찾아 청년 목수 예수님을 찾은 겸손한 사람입니다. 그런데도 예수님은 칭찬은커녕, 니고데모의 존재 근거 자체를 부정하셨습니다.

우리가 가장 중시하는 예배와 기도와 말씀은 땅의 존재인 우리가 하늘의 존재인 하나님을 내 뜻에 맞게 움직여보기 위한 수단이 절대로 아닙니다. 예배와 기도와 말씀은 하나님의 마음 읽기입니다. 하나님의 시각에서 아래에 있는 땅을 내려다보라는 것입니다.

뒷동산에만 올라도, 내가 코 박고 울며불며 전전긍긍하던 삶이 내려다보입니다. 그래서 불황기에 산을 찾는 사람들이 많아집니다.

성령께서 풀어주신 하늘 이야기인 성경을 땅의 이야기로 환원하는 일을 저라도 그만두려고 합니다. 어찌 온 우주를 품는 하나님의 뜻을 먼지만도 못한 제가 알겠습니까? 하지만 가도 가도 여전히 거기에 있는 수평선처럼 하나님도 멀리 계시지만, 제가 알아들을 수 있는 언어로 적어주신 하늘 이야기의 파편이 뱃전에 부서져 얼굴을 간질이는 물방울처럼 제 온 몸을 적십니다.

숨 쉬며 사는 것 자체가 은혜인 것을…. 땅의 뜻을 하늘에서 이루어달라는 몸부림을 멈추고, 하늘의 뜻을 이 땅에서 이루는 일에 작은 힘을 보태려고 합니다. 그래서 '하늘 이야기'란 제목을 달았습니다.

제대로 목회도 못하는 저를 참아주며 마음고생만 한 아내 한방원에게 감사하고, 종교의 장벽을 넘어 기독교 서적 출판의 길을 열어주신 김영사 박은주 사장님과, 10년 동안 제게 마이크와 카메라를 제공해주신 CBS 방송국 관계자 여러 분들, 특히 김종욱 PD께 머리 숙여 사의를 표합니다. 첫 만남부터 따뜻한 마음이 들게 하고, 이 책이 출간될 수 있도록 기획해주신 포이에마 김도완 주간님, 그리고 저를 평생 친구로 받아준 동역자 강병오 목사님과 강옥순 사모님께도 감사의 말씀을 전합니다. 그리고 총명하고 쿨하게 교정과 조언을 해주신 편집자 이진경 씨와의 만남도 새로운 기쁨이었습니다.

2009. 1.
파주 헤이리에서

1

본토, 친척, 아비 집을 떠나

"여호와께서 아브람에게 이르시되 너는 너의 본토 친척 아비 집을 떠나 내가 네게 지시할 땅으로 가라. 내가 너로 큰 민족을 이루고 네게 복을 주어 네 이름을 창대케 하리니 너는 복의 근원이 될찌라"(창 12:1-2, 개역한글).

1강 | 창세기 12:1-5

그곳이 어디에요?

하나님의 세계는 신비의 세계입니다.
신비란 인간 경험 밖의 세계를 말합니다.
인간의 경험을 초월하여
하나님의 신비로 떠나는 것이
바로 신앙의 여정입니다.

The Story of
Heaven

래리 월터스의 평생의 꿈은 한번 날아보는 것이었습니다. 그는 고
등학교 졸업 후 공군에 입대했지만 형편없는 시력 때문에 비행사
자격증을 딸 수 없었습니다. 그저 동료들의 비행을 바라보는 것으
로 만족해야 했습니다.

　그러던 어느 날 한 가지 묘안이 떠올랐습니다. 그는 헬륨 한 탱크
와 45개의 기상 관측용 기구를 구했습니다. 그 풍선은 120cm 이상
커지는 튼튼한 풍선이었습니다. 그 풍선을 야외용 의자에 연결시
켰습니다. 약간의 먹을 것과 마실 것 그리고 공기총을 준비하고는
풍선에 헬륨 가스를 채웠습니다. 그의 계획은 하늘로 올랐다가 공
기총으로 풍선을 하나씩 터뜨려 천천히 내려앉을 생각이었습니다.

　그러나 일은 생각대로 되지 않았습니다. 땅에 고정된 끈을 끊었

을 때에 천천히 오르는 것이 아니라 순식간에 솟아올랐고, 그 높이도 3,300m에 다다랐습니다. 당황한 래리는 균형을 잃을까봐 풍선을 터뜨릴 수도 없었습니다. 그래서 그렇게 엄청난 높이에서 떠다닐 수밖에 없었습니다. 무려 열네 시간 동안이나.

그때 3,300m 상공에 있는 야외용 의자에 앉아 있던 팬암 항공 조종사가 래리를 발견했습니다. 그는 무릎에 총을 놓은 채, 공중에 떠다니는 사람이 있다고 관제탑에 보고했습니다. 해군은 헬리콥터를 급파하여 래리를 간신히 구조할 수 있었습니다.

이미 지상에는 방송 기자들이 구름떼같이 몰려와 있었습니다. 한 기자가 래리에게 물었습니다.

"왜 이런 일을 하게 되셨습니까?"

래리가 대답했습니다.

"사람이 그저 앉아 뭉그적거리고 살 수만은 없잖아요."

래리 월터스의 마음을 충분히 이해할 수 있습니다. 많은 사람들이 지루하고 각박하며, 쫓기듯 사는 일상 생활에 지쳐버린 지 오래입니다. 일상 탈출은 모든 현대인들이 꿈꾸는 것입니다.

아브람은 75세 된 노인이었습니다. 아버지의 직업은 은으로 우상을 만들어 파는 것입니다. 당시는 가업을 잇는 것이 관습이었으므로, 아브람도 그 일을 하며 속절없이 늙어가고 있었습니다. 게다가 자신의 가업을 이을 자식도 없었습니다. 그러던 어느 날, 하나님으로부터 엄청난 명령을 듣게 됩니다.

"너는 너의 본토 친척 아비 집을 떠나 내가 네게 지시할 땅으로 가라"(창 12:1, 개역한글).

그리고 이어서 말씀하십니다.

"내가 너로 큰 민족을 이루고 네게 복을 주어 네 이름을 창대하게 하리니 너는 복이 될지라. 너를 축복하는 자에게는 내가 복을 내리고 너를 저주하는 자에게는 내가 저주하리니 땅의 모든 족속이 너로 말미암아 복을 얻을 것이라"(창 12:2-3).

일상을 탈출하고 싶었던 것일까요? 하나님의 약속에 솔깃해서일까요? 아니면 아들도 없다고 손가락질하던 사람들에게 여보란듯이 살고 싶었던 것일까요? 하여간 아브람은 그렇게 길을 떠났고, 그 조카 롯도 동행하였습니다. 물론 식솔들도 함께 떠났습니다.

풍선 해프닝을 벌인 래리도 평생 동안 하늘로 오를 생각에서 벗어난 적이 없었습니다. 하물며 아브람은 얼마나 이모저모 살펴보았겠습니까?

여기에는 여러 가지 생각해볼 거리가 있습니다.

먼저 본토 친척 아비 집이 갖고 있는 의미입니다. 당시는 국경이란 것도 없었습니다. 물론 백성들을 다스리고 통제하고 보호할 강력한 정부도 없었습니다. 본토 친척 아비 집은 생명을 보존할 수 있는 유일한 근거였습니다. 그곳을 떠나는 것은 목숨을 담보하는 위험한 일이었습니다. 그런데 그곳을 떠나라 하시면서 하나님은 행선지도 지정해주지 않으셨습니다.

두 번째는 하나님의 약속입니다. 큰 민족, 창대한 이름, 복의 근원. 이런 것들이 무엇입니까? 바로 사람들이 바벨탑을 쌓으며 얻기를 갈망했던 것들입니다.

일단 하나님의 의도가 그 윤곽을 드러냅니다. 한마디로 말하자면 이런 것입니다.

"큰 민족, 창대한 이름, 복의 근원이 되어 흩어짐을 면하고 싶으냐? 성과 대를 높이 쌓고 네 이름을 높이 내건다고 되는 것이 아니다. 여기 한 노인이 있다. 그의 나이는 75세. 그저 그런 노인이다. 미래의 소망도 없다. 그런데 내가 그와 함께 있을 때 무슨 일이 일어나는지 잘 보아라!" 하는 것입니다.

사람들은 본토 친척 아비 집을 의지하며 오늘도 살아갑니다. 본토 친척 아비 집은, 사람들이 뿌리를 내리고 사는 세계를 말합니다. 이것을 크고 튼튼하게 만들기에 골몰합니다. 학벌, 인맥, 집안을 따집니다. 공부를 열심히 하여 출세하려고 합니다. 그도 안 되면 성형 수술을 해서라도 사람들에게 잘 보이려고 합니다. 재벌들은 권력가들과 혼사를 맺습니다. 모두 본토 친척 아비 집을 강화하기 위한 것입니다. 성과 대를 높이 쌓는 일이며, 바벨탑을 건설하는 일입니다. 흩어짐을 면하고 이 땅에서 누구보다도 오래 잘 살아남기 위한 몸부림입니다.

본토 친척 아비 집은 '경험과 인식의 세계'이며, '전통과 관습의 세계'입니다. 그곳에서 선조들이 쌓은 경험을 전수받으며 그 경험을 발전시키며 다음 세대에 이어줍니다. '이념과 철학과 과학의 세계'입니다. 한마디로, 눈으로 보는 '인간의 경험 세계'를 말합니다.

하나님은 이러한 세계를 떠나라는 것입니다. 하나님의 이와 같은 명령은 그런 것을 무시하라는 것이 절대 아닙니다. 더 중요한 것, 더 궁극적인 것을 보라는 것입니다.

그렇다면 하나님이 가라 하시는 곳은 과연 어디일까요?

하나님의 세계는 신비의 세계입니다. 신비란 인간 경험 밖의 세계를 말합니다. 신앙의 본질이란 인간의 경험 세계를 넘어서 하나님의 세계로 가는 것입니다. 인간의 경험을 초월하여 하나님의 신비로 떠나는 것이 바로 신앙의 여정입니다.

가이사랴 빌립보 지방을 가시면서 예수님이 제자들에게 물으십니다. "사람들이 인자를 누구라 하느냐"(마 16:13). 제자들이 여러 가지 대답을 합니다. 그런데 그 제자들의 대답은 모두 경험의 세계에서 얻은 대답들입니다. 즉 본토 친척 아비 집에서 배운 것들입니다. 그런데 베드로는 "주는 그리스도시요 살아계신 하나님의 아들이시니이다"(마 16:16)라고 대답하였습니다. 그러자 예수님이 너무나 기뻐하시면서 이런 말씀을 하십니다.

"네가 복이 있도다. 이를 네게 알게 한 이는 혈육이 아니요, 하늘에 계신 내 아버지시니라"(마 16:17).

'혈육'은 바로 본토 친척 아비 집을 의미합니다. 혈육으로는 이해할 수 없는 분이 바로 예수님이십니다. 하늘에서 내려오는 하나님의 지혜만이 예수님의 본질, 즉 예수님이 누구신지 바로 알게 합니다. 그래서 예수님이 그토록 기뻐하신 것입니다. 베드로의 신앙고백은 비로소 인간 경험 세계를 넘어서 하나님의 신비로 가는 가장 중요한 출발점이었습니다. 그래서 예수님은 베드로의 신앙 고백 위에 하나님의 교회를 세우신 것입니다. 교회는, 인간 경험을 보관하는 장소가 아니라, 하나님의 신비를 찾아내고 보존하여 가르치는 중요한 곳입니다.

사도 바울은 목숨을 걸고 하나님의 신비를 지켰습니다. 초대교회 때의 일입니다. 그때 사도 바울이 대항해서 싸운 두 세력이 있습니다. '헬라 영지주의자'들과 '유대주의자'들이었습니다. 사도 바울은 얼마나 이들을 싫어하고 미워했는지, 성도들을 미혹케 하는 사탄의 세력이라고 규정하였습니다. 왜 그들을 그토록 위험한 세력으로 보았을까요? 이들이 대체 무엇을 잘못한 것일까요?

유대주의자나 헬라주의자는 유대인과 헬라인과는 다른 사람들입니다. 이들은 원래 유대교 신봉자들이요, 헬라 철학 신봉자들이었습니다. 그러다가 예수님을 구세주로 영접하고 그리스도인이 되었습니다. 그리스도인이 되었다는 것은 본토 친척 아비 집을 떠나 하나님이 지시하는 곳으로 떠난 것을 뜻합니다. 그런데 문제는 여전히 옛것을 버리지 못한 것입니다. 다시 말해서 본토 친척 아비 집을 완전히 떠나지 못했습니다.

유대주의자들은 율법과 할례를 고수하고, 헬라주의자들은 헬라 철학을 버리지 않고, 오히려 예수님을 율법으로, 헬라 철학으로 재해석하였습니다. 예수님을 율법과 헬라 철학에 가두려고 한 것입니다. 하나님이 지시한 곳으로 갔다가 다시 본토 친척 아비 집으로 되돌아간 것이고, 하나님의 신비를 인간의 경험에 가두려고 한 것입니다.

그래서 사도 바울이 이를 두고 사탄의 미혹이라고 규정하고 단호히 대처한 것입니다. 이런 시도는 오늘날에도 끝없이 계속되고 있고, 세상 끝날까지 지속될 것입니다.

예수님의 생애는 '동정녀 탄생'으로 시작하여 '부활 승천'으로 마무리됩니다. 그런데 인간의 경험 세계에는 '동정녀 탄생'과 '부활 승천'이 절대로 자리 잡을 수 없습니다. 인간의 상식이나 경험에서는 절대 그런 일이 있을 수 없습니다. 그래서 사람들은 이를 부인하거나 침묵합니다. 교회 안에서도 이런 일들이 일어나고 있습니다. 그러나 성경은 수많은 억측과 부인과 조롱 가운데서도 이에 대해 아무런 해명도 하지 않고 있습니다.

이성적인 현대인들에게 설득력을 얻겠다고 동정녀 탄생과 부활 승천에 대하여 현대 교회가 침묵하기 시작했습니다. 그런데 이상한 일이 일어났습니다. 현대인들이 교회를 찾지 않고, 점차 교회가 힘을 잃기 시작한 것입니다.

이런 결과는 당연합니다. 주님이 이 땅에 오신 이유는, 혼돈과 흑암과 공허로 가득한 인간의 경험 세계를 넘어, 자유와 진리와 생명이 넘치는 하나님의 신비로 인도하기 위해서입니다. 그러므로 여전히 인간의 경험 세계에 머물러 있다면 기독교는 쇠퇴할 수밖에 없습니다.

예수님의 동정녀 탄생과 부활 승천은, 본토 친척 아비 집을 떠나서 가라 하시는, 하나님이 지시하신 곳입니다.

성경에 기록된 내용 중 인간의 경험 너머에 있는 일들을 부인하거나 그것을 인간 경험 안에서 재해석한다면, 그 소중한 진리를 도저히 찾을 수 없을 뿐 아니라 영원히 잃게 됩니다.

언제나 하나님 편에서 한번 생각해보십시오. 왜 하나님은 이해할 수 없는 그 일을 그렇게 행하셨을까? 하나님의 처사를 신뢰하며 하나님의 마음을 읽어가노라면 서서히 하나님의 신비의 세계가 보이기 시작합니다.

아브람은 하나님의 약속을 믿고 드디어 하나님의 지시하는 곳을 향하여 장도長道에 올랐습니다. 그때 그의 아내 사래와 조카 롯도 함께 길을 떠났습니다. 75세의 아브람에게 전혀 새로운 차원의 삶이 시작된 것입니다.

하나님이 아브람에게 하신 약속은 크게 세 가지로 요약할 수 있습니다. 자손의 약속, 땅의 약속, 복의 근원의 약속입니다. 이 세 가지 약속은 우리에게도 해당됩니다. 아브라함을 '믿음의 조상'이라고 부르는 이유는 하나님의 약속이 우리에게까지 이르기 때문입니다.

혹시 별로 신통치 않은 내 경험으로 하나님의 신비를 담은 복음을 재해석하고 있진 않습니까? 이제 내 생각, 내 경험을 떠나 하나님이 가라 하시는 곳으로 가야 할 때가 되었습니다.

2강 | 창세기 12:10-16

No Pain, No Gain

인생이란 하나님이 놓아가시는
수繡와 같은 것이 아닐까요?
대부분의 사람들은 자신이 무슨 그림을
그리고 있는지 수틀의 뒷면처럼 잘 알지 못합니다.
그러나 수틀의 앞면은 나름대로의
그림이 그려지고 있습니다.
그 그림을 그려가시는 분이 바로 하나님이십니다.

The Story of
Heaven

스페인의 유명한 산티아고 순례길은 900km의 긴 여정인데, 노란색 화살표로 그 방향을 표시하고 있습니다. 길을 가다가 그 표지가 보이지 않으면 갑자기 불안해진다고 합니다. 먼 길이 지치게 하는 것이 아니라, 정처 없음이 지치게 하는 것입니다.

75세의 노인 아브람은, 어느 날 본토 친척 아비 집을 떠나 하나님이 지시하는 곳으로 가라는 말씀을 듣고 길을 떠났습니다. 갈 곳을 알지 못했습니다. 그저 갈 뿐입니다. 갈 곳을 알지 못하고 가는 것처럼 막연한 것은 없습니다.

마침내 가나안 땅에 도착하고 가나안의 한 성읍 세겜 땅, 상수리나무 아래에서 잠시 여정을 푼 아브람에게 하나님이 나타나 한 말씀 하셨습니다. "내가 이 땅을 네 자손에게 주리라"(창 12:7). 정말 오랜만에 확인해보는 하나님의 임재입니다. 그래서 단을 쌓고 하나님께 감사 제사를 드렸습니다.

그런데 이상한 생각이 듭니다. "이 땅을 내 자손에게 주신다니?" 가나안 땅이 약속의 땅이라면 왜 지금 아브라함에게 그 땅을 주시지 않는 것일까? 아브라함은 그 먼 길을 하나님의 명령에 순종하여 떠났고, 천신만고 끝에 가나안 땅에 도착했습니다. 그런데도 그 땅을 나중에 자손에게 주시겠다는 것입니다. 순종은 곧 축복이라고 배웠는데, 지금 그 등식이 깨지고 있습니다. 하나님은 왜 그 땅을 자손에게 주신다는 것일까요? 왜 더 기다리라는 것일까요?

일단 의문을 갖고 아브람의 행적을 따라가봅시다. 얼마를 지냈을까⋯. 가나안 세겜 땅에 기근이 들자 아브람은 살 길을 찾아 이집트로 내려갔습니다. 그런데 길을 가다보니까 슬그머니 두려운 생각이 들었습니다. 그래서 그 아내 사래에게 말합니다.

"내가 알기에 그대는 아리따운 여인이라. 애굽 사람이 그대를 볼 때에 이르기를 이는 그의 아내라 하여 나는 죽이고 그대는 살리리니 원하건대 그대는 나의 누이라 하라. 그러면 내가 그대로 말미암아 안전하고 내 목숨이 그대로 말미암아 보존되리라"(창 12:11-13).

아브람은 사래를 예쁘다고 부추기고는 있지만, 어쨌든 자신을 위하여 희생하라는 것입니다. 그런데 아브람이 두려워하던 일이 일어나고 말았습니다. 그 땅에 사는 주민들이 사래를 탐냈기 때문입니다. 그래서 아브람은 미리 짜놓은 시나리오대로 진행하였고 사래는 파라오의 후궁으로 들어갔습니다. 그 덕분에 아브람은 목숨을 구했을 뿐만 아니라 파라오의 환대를 받으며 많은 짐승까지 얻을 수 있었습니다. 아내를 팔아 득을 본 것입니다.

아브람은 이 사건으로 인하여 뼈아픈 경험을 합니다. 아내를 파라오의 궁으로 들여보내놓고 뜬눈으로 밤을 새웠을 것입니다. 자신의 목숨을 부지할 방도는 짜냈으나 아내를 구할 방책은 찾을 수 없습니다. 하나님을 떠난 인간의 지혜와 노력은 자신의 한계를 확인하게 할 뿐입니다.

이 사건은 아브람의 갈 길이 멀다는 것을 보여줍니다. 단순히 그의 이기주의와 무책임을 말하는 것이 아닙니다. 위기에 처했을 때 내가 의지하고 찾는 대상에 따라 나 자신이 규정됩니다. 돈을 의지하면 '돈의 사람'입니다. 아브람은 아직 '하나님의 사람'이 아닙니다.

곤경에 처한 아브람을 하나님이 구해주셨습니다. 하나님은 사래를 취한 파라오에게 꿈으로 나타나, 그가 얼마나 잘못된 일을 행하고 있는지 깨닫게 하고 사래를 돌려보내게 하셨습니다.

아브람은 나쁜 기억의 이집트를 떠나기로 하였습니다. 성경은 이때를 이렇게 적고 있습니다. "아브람이 애굽에서 그와 그의 아내와 모든 소유와 롯과 함께 네게브로 올라가니 아브람에게 가축과 은과 금이 풍부하였더라"(창 13:1-2).

이 구절을 읽으면 이런 생각이 듭니다.

"과연 하나님은 그 택하신 사람을 보호하고 축복하시는구나."

"하나님의 명령대로 따르니까 오히려 전화위복이 되어 큰 재산을 얻게 되는구나."

그런데 하나님이 아브람을 부르신 목적이 번영과 안녕이라면 아브람의 이야기는 여기서 끝나야 합니다. 많은 육축과 은금이 풍부해졌으니까요. 이민 갔다가 성공한 것입니다. 여기서 멈추는 신앙을 '기복 신앙'이라고 합니다. 아브람의 이야기는 계속되고 있습니다. 하나님이 우리에게 원하시는 것은 '기복 신앙'이 절대로 아니라는 증거입니다.

"내가 어렸을 때에는 말하는 것이 어린아이와 같고 깨닫는 것이 어린아이와 같고 생각하는 것이 어린아이와 같다가 장성한 사람이 되어서는 어린아이의 일을 버렸노라. 우리가 지금은 거울로 보는 것같이 희미하나 그때에는 얼굴과 얼굴을 대하여 볼 것이요 지금은 내가 부분적으로 아나 그때에는 주께서 나를 아신 것같이 내가 온전히 알리라"(고전 13:11-12).

한마디로 '영적 성숙'을 말합니다. 어린아이일 때는 청동거울로 비춰보는 것처럼 하나님의 뜻을 어렴풋이 희미하게 알기 시작합니다. 날이 갈수록 하나님이 무엇을 원하시는지, 내가 어떤 태도로 어떤 인생을 살기를 원하시는지 알게 됩니다. 그러다가 어느 순간 하나님과 얼굴과 얼굴을 대하고 보는 것처럼 뚜렷하게 하나님의 원하시는 바를 알게 됩니다. 곧, 끝없는 영적 성장을 이뤄야 한다는 말입니다. 그리스도의 장성한 분량에 이르기까지 자라나는 것이 신앙 생활의 본질입니다.

창세기 13장에서는 아브람의 성숙해진 모습을 볼 수 있습니다.

이집트에서 나온 아브람과 롯이 한동안 가나안 땅에서 함께 살았습니다. 그런데 각자 식솔들과 가축들이 함께 거하기에는 그 땅이 너무 좁아서 늘 부딪힙니다. 그래서 둘은 서로 갈라서기로 결정합니다. 아브람이 조카 롯에게 이렇게 말합니다.

"네가 좌하면 나는 우하고 네가 우하면 나는 좌하리라"(창 13:9).

윗사람 아브람이 아랫사람 롯에게 선택권을 준 것입니다. 이것은 커다란 변화입니다. 아내에게마저 드러냈던 이기심이 사라지고, 너그러움이 나타나기 시작한 것입니다.

삼촌의 뜻밖의 제안에 롯은 눈을 들어 사방을 살펴보았습니다. 푸른 초원이 펼쳐진 풍요의 땅이 그의 시야를 사로잡습니다. 소돔 과 고모라 땅입니다. 그곳은 여호와의 동산 같아 보였고 이집트 땅과 같아 보였습니다(창 13:10).

롯은 이집트의 풍요로움을 이미 경험한 터입니다. 그 땅을 떠날 때 롯이 이랬을지도 모릅니다. "삼촌, 여기서 그냥 살지요. 재산도 늘고 가축도 많아졌고 물도 넉넉하고, 얼마나 살기 좋습니까? 가뭄이나 기근도 없잖아요?" 다시 가나안 땅으로 돌아가는 삼촌이 대단히 못마땅했을 것입니다. 그래서 꿈에 그리던 이집트 땅처럼 보이는 곳을 택한 것입니다.

그러나 소돔과 고모라 땅은 결코 에덴 동산이 아닙니다. 그저 그렇게 보였을 따름입니다. 사물의 중심까지도 꿰뚫어보는 통찰력이 있어야 합니다.

영적 통찰력이 없는 롯은 식솔들과 가축들을 이끌고 이집트처럼, 에덴 동산처럼 보이는 소돔과 고모라 땅을 향하여 떠났습니다. 그렇게 떠난 롯은 어떻게 되었을까요? 과연 잘 살게 되었을까요? 이후, 롯의 인생 행로는 지울 수 없는 얼룩으로 더럽혀집니다. 얼마 있다가 그 지역 부족들 간의 전쟁에 휘말리고 맙니다. 그리고 포로로 붙잡혀 가버립니다. 간신히 삼촌의 도움으로 구출되지만 고난은 끝나지 않습니다. 소돔과 고모라 땅이 하나님의 심판을 받을 때, 하나님의 경고를 무시하고 뒤를 돌아본 아내는 소금기둥이 되어버립니다. 비극은 여기서 끝나지 않습니다. 술에 취해 자신의 두 딸과 관계를 맺어 아이까지 낳는, 있을 수 없는 일까지 벌어지고 맙니다.

본토 친척 아비 집을 떠나 하나님이 지시하는 곳으로 아브람과 롯은 함께 떠났습니다. 그런데 나이든 아브람은 믿음의 조상이 된 반면, 풍요로운 땅을 찾아 나선 롯은 나락으로 떨어지고 만 것입니다.

우리가 영적으로 자라나야 하는 이유가 여기에 있습니다.

영적 분별력과 함께 결단력을 갖추어야 합니다. 신앙 생활은 단순한 취미 활동이거나 여가 활용이 아닙니다. 더없이 강한 부정과 강한 긍정을 동시에 해야 하는 분명한 결단입니다. 사람들이 모두 '아니오'라고 말할 때 '예'라고 말할 수 있어야 합니다. 사람들이 모두 '예'라고 말할 때 '아니오'라고 말할 수 있어야 합니다.

신앙은 먼저 '아니오'에서 출발합니다. 나 자신에 대한 '아니오'가 바로 '회개'입니다. 회개란 '완전히 돌아서는 것'을 말합니다. 지금까지의 사고방식과 행동양식을 완전히 바꾸는 것이며 자기 중심적 삶을 완전히 버리는 것입니다.

'아니오'에 이어 요구되는 것은 '예'입니다. '예'는 바로 '순종'

입니다. 먼저 하나님이 무슨 말씀을 하시는지 조용히 듣습니다. 예수님이 어떻게 행동하셨는지 조용히 바라보며 배웁니다. 그리고 주님의 초청을 겸허히 받아들이며 주님과의 새로운 관계로 들어갑니다. 그러고는 하나님께 반응하는 삶, 궁극적으로는 하나님께 영광을 돌리는 삶을 살아갑니다. 이것은 로봇이 되어 기계처럼 움직인다는 뜻이 결코 아닙니다. 하나님을 너무도 사랑해서 기꺼이 나 자신을 포기하고 주님과 함께 주님을 닮아가는 그러한 삶입니다.

아브람은 왜 가나안 땅으로 돌아왔습니까? 가나안 땅을 자손에게 주시리라는 하나님의 약속을 믿었기 때문입니다. 사람이 떠난 자리는 크게 남는 법. 롯을 떠나보내고 홀로 남은 아브람에게 서글픔과 적막함이 몰려왔을 것입니다. 그의 마음을 아시는 듯 하나님은 조용히 찾아오셨습니다. 그러고는 이렇게 말씀하십니다.

"너는 눈을 들어 너 있는 곳에서 북쪽과 남쪽 그리고 동쪽과 서쪽을 바라보라. 보이는 땅을 내가 너와 네 자손에게 주리니 영원히 이르리라"(창 13:14-15).

하나님은 아주 중요한 단어 하나를 넣어놓으셨습니다. '너에게'라는 단어입니다. "너에게 영원히 주리라" 말씀하십니다. 아브람에게 가나안 땅을 다스리고 경영할 자격이 생겼다는 말입니다.

하나님은 언덕에 올라 아브람의 어깨에 한 손을 얹으시며 나머지 한 손으로는 저 먼 곳을 가리키십니다. 서쪽 하늘은 아름다운 노을로 붉게 물들고 어딘지 모르는 곳에서 한 줄기 시원한 바람이 불어와 구름을 흩어놓습니다. 아브람의 옷자락은 조용히 펄럭입니다.

예전에는 여학생이라면 누구나 수繡를 놓아야 했습니다. 동그란 수틀에 천을 고정시키고 한 땀 한 땀 수를 놓아가는 모습은 보는 사람의 마음도 차분하게 가라앉힙니다. 그런데 수틀의 뒷면을 보면 형형색색의 수실이 어지러이 교차되어 도저히 앞판의 그 아름다움을 상상할 수 없습니다.

인생이란 하나님이 놓아가시는 그런 수와 같은 것이 아닐까요? 때로는 원치 않는 일이 생기고 여기저기 옮겨 다닙니다. 인생의 밑바닥으로 내려가는가 하면 뜻하지 않은 행운을 얻기도 합니다. 대부분의 사람들은 그저 형편에 따라 움직일 뿐 자신이 무슨 그림을 그리고 있는지 수틀의 뒷면처럼 잘 알지 못합니다. 그러나 수틀의 앞면은 나름대로의 그림이 그려지고 있습니다. 그 그림을 그려가시는 분이 바로 하나님이십니다. 하나님은 지금 아브람의 인생의 수를 놓고 계십니다. 아브람은 살기 위해 이리저리 옮겨 다니지만 그 배후에는 한 땀 한 땀 수를 놓아가시는 하나님의 손길이 있습니다.

여러분의 삶에 개입하시는 하나님의 손길이 보이십니까? 한참 지난 후에야 보셨습니까? 그때에 비로소 믿음이 생긴 것입니다. 신앙 생활은 하나님의 손길을 발견하는 시간의 간격을 줄여나가는 것입니다. 진짜 믿음은 언제 어느 때든지, 심지어 죽음의 순간에서도 하나님의 손길을 보는 것입니다.

창세기 15:1-11

3강

횃불로 서명하시다

세상에서 제일 강한 사람이 누구입니까?
바로 믿음의 사람입니다.
하나님의 약속을 믿음으로써
그 사람은 미래를 살아갑니다.
그는 결코 한계를 말하지 않습니다.
고난을 불평하지 않습니다.
하나님의 비전만을 말할 뿐입니다.

The Story of
Heaven

개성 상인은 우리나라의 유명한 상인입니다. 한 사람이 진정한 개
성 상인이 되기 위해서는 혹독한 훈련을 받아야 합니다. 개성 상인
아버지는 아들을 장돌뱅이로 내보냅니다. 3년간 장돌뱅이 일을 하
는데, 거기에는 지켜야 할 법이 있습니다. 하루 종일 일한 후 먹는
것은 오직 술찌꺼기. 속이 든든하고 얼큰하여 배고픔을 쉽게 잊고
잠들 수 있기 때문입니다. 그렇게 조악한 음식을 먹어가며 3년을
팔도 시장을 돌면서 전국의 물류 흐름을 배웁니다. 그러고 나서 아
버지는 아들에게 친구 가게에서 3년 동안 점원 노릇을 하게 합니
다. 그곳에서 아들은 복종하는 법과 다른 동료들과 어울리는 법을
배웁니다. 그런 후 비로소 아버지 밑으로 들어가는데, 가장 힘든
것이 아버지 밑에서의 3년입니다. 그 과정을 무사히 마쳐야 아버

지 사업을 물려받을 수 있습니다.

진정한 개성 상인 한 사람을 키우는 데는 9년이라는 혹독한 훈련의 기간이 필요합니다. 이 과정에서 아들은 아버지의 뜻을 받들고, 그 뜻에 합당한 사람으로 성장해야 합니다. 그렇지 못할 때 모든 시간과 훈련은 무위로 돌아가고 맙니다.

아브람은 무엇보다도 하나님의 뜻에 합당한 사람으로 변화되어야 했습니다.

소돔과 고모라 땅으로 갔던 롯과 그 식구들은 전쟁에 휘말려 포로가 되었습니다. 이 소식을 들은 아브람은 군사들을 거느리고 롯을 구하러 떠납니다. 아브람은 318명의 사병까지 거느릴 정도로 거부가 되었습니다(창 14:14). 거기다 롯과 그 가족들, 붙잡혀 갔던 사람들과 많은 재물까지 얻어 돌아왔습니다. 그때 아브람을 맞이한 두 사람이 있었습니다. 살렘 왕 멜기세덱과 소돔 왕입니다. 우리가 주의 깊게 봐야 할 것은 아브람이 두 왕에게 보인 행동입니다.

먼저 살렘 왕 멜기세덱에게 행한 일입니다. 멜기세덱은 살렘 지방을 다스리는 왕이면서도 지극히 높으신 하나님의 제사장이었습니다. 멜기세덱은 아브람을 축복합니다. 그러자 아브람은 전리품 중 십분의 일, 즉 십일조를 하나님의 제사장 멜기세덱에게 바칩니다.

이것이 십일조에 관한 성경의 첫 기록입니다.

십일조에는 아주 깊은 뜻이 담겨 있습니다. '헌금'과 '복채'는 구별되어야 합니다. 복채는 더 많은 복을 기대하고 신에게 바치는 뇌물입니다. 그러나 십일조는 하나님이 나의 주인이심을 인정하는 신앙 고백입니다. 아브람은 승리가 하나님께로부터 왔음을 인정한 것입니다.

소돔 왕이 아브람에게 "사람은 내게 보내고 물품은 네가 가지라"(창 14:21)고 말합니다. 그러자 아브람은 "천지의 주재이시요 지극히 높으신 하나님 여호와께 내가 손을 들어 맹세하노니 네 말이 내가 아브람으로 치부하게 하였다 할까 하여 네게 속한 것은 실 한 오라기나 들메끈 한 가닥도 내가 가지지 아니하리라"(창 14:22-23).

오직 하나님만을 의지하며 살아가겠다는 것입니다. 전리품을 사양하겠다는 것입니다. 당시 관습은 전장에서 승리한 사람이 전리품과 포로들을 소유하게 되어 있습니다. 소돔 왕은 그저 자기 백성만 돌려달라 하고 물품들은 아브람이 가지라고 한 것입니다. 그러나 아브람은 승리하였음에도 불구하고 그 모든 것을 소돔 왕에게 돌려주었습니다. "어이 아브람, 알고 보면 내 덕에 부자가 된 거야"라는 말을 듣지 않겠다는 것입니다. 오직 하나님이 공급하시는 능력과 은혜만으로 살겠다는 것입니다.

롯에게 베풀었던 너그러움, 모든 것이 하나님으로부터 왔음을 인정하며 드렸던 십일조, 전리품까지 포기하며 하나님만을 의지하겠다는 온전함. 이것이 아브람이 갖추게 된 '거룩한 성숙'입니다.

하나님은 그러한 아브람을 대견스럽게, 때로는 흐뭇하게 바라보셨을 것입니다. 그리고 '이제 때가 되었구나' 생각하셨을 것입니다. 하나님이 어느 날 그런 아브람을 조용히 찾아오셨습니다. 그리고 말씀하셨습니다.

"아브람아 두려워하지 말라. 나는 네 방패요 너의 지극히 큰 상급이니라"(창 15:1).

그런데 아브람의 반응이 아주 특이합니다.

"주 여호와여 무엇을 내게 주시려 하나이까."

이 대답은 아브람이 얼마나 여호와 하나님을 신뢰하며 좋아하는지를 보여줍니다.

자녀를 부릅니다. 그런데 아이들의 반응은 두 가지로 나눌 수 있습니다. 첫 번째 반응은 못 들은 척 외면하는 것입니다. 그 이유는 아버지가 부를 때에는 언제나 야단만 치거나 심부름을 시키기 때문입니다. 그래서 대답해봤자 이득이 없기 때문에 못 들은 척하는 것입니다. 두 번째 반응은 시원스레 대답하며 얼른 달려오는 것입니다. 아버지가 부를 때마다 신나고 좋은 일들만 생겼기 때문입니다.

하나님을 믿는 것도 대단히 중요합니다. 그러나 더 중요한 것은 하나님을 어떤 하나님으로 알고 믿느냐 하는 것입니다. 이것은 성도의 삶에 결정적인 영향을 미칩니다.

하나님의 본질은 구원과 사랑입니다. 징계는 하나님의 본질의 한 부분일 뿐입니다. 아리스토텔레스는 이런 말을 합니다. "사악한 사람은 두려워서 복종하지만 신실한 사람은 사랑하므로 기꺼이 순종한다." 그저 하나님으로부터 벌 받을까 두려워하여 복종한다면 제대로 된 신앙이 아닙니다. 하나님은 사랑의 하나님이십니다. 하나님이 부르실 때마다 좋은 일이 생깁니다.

아브람이 하나님께 아룁니다. "나는 자식이 없사오니 나의 상속자는 이 다메섹 사람 엘리에셀이니이다"(창 15:2).

"하나님, 다 좋습니다. 그런데 문제가 하나 있습니다. 저에게는 아시다시피 상속받을 자식이 없습니다." 당시의 관습은 자식이 없을 경우 그 집안의 청지기가 상속자가 되었는데, 다마스커스에서 데리고 온 엘리에셀이 바로 아브람의 청지기였습니다. 이에 대하여 하나님이 아브람의 친자식이 상속자가 되리라고 말씀하십니다. 그리고 아브람을 데리고 밖으로 나가셨습니다. 하늘을 바라보라 하셨습니다. 그리고 이렇게 말씀하십니다.

"하늘을 우러러 뭇별을 셀 수 있나 보라. 또 그에게 이르시되 네 자손이 이와 같으리라"(창 15:5).

아브람의 나이가 벌써 아흔입니다. 이제 아들을 낳을 가능성은 0%입니다. 그 말을 들은 아브람의 마음은 어땠을까요? 아브람의 반응과 하나님의 평가를 성경에는 이렇게 기록하고 있습니다.

"아브람이 여호와를 믿으니 여호와께서 이를 그의 의로 여기시고"(창 15:6).

이 간단한 구절이 가장 중요한 구절 중의 하나입니다. 사도 바울은 로마서 4장 전체와 곳곳에서 이 구절을 인용하며 믿음의 중요성을 강조합니다.

"아브라함이나 그 후손에게 세상의 상속자가 되리라고 하신 언약은 율법으로 말미암은 것이 아니요 오직 믿음의 의로 말미암은 것이니라"(롬 4:13).

야고보 사도는 더욱 놀라운 말을 합니다.

"이에 성경에 이른 바 아브라함이 하나님을 믿으니 이것을 의로 여기셨다는 말씀이 이루어졌고 그는 하나님의 벗이라 칭함을 받았나니"(약 2:23).

엄청난 말씀입니다. 믿음을 통해서 하나님의 벗, 하나님의 친구, 하나님의 파트너가 되었다는 것입니다. 90세의 노인이나, 벌

레만도 못한 내가 어떻게 하나님의 친구가 될 수 있습니까? 그 길은 오직 하나, 믿음밖에는 없습니다. 드디어 아브람의 영혼에 믿음의 유전자가 생긴 것입니다. 하나님이 이때를 얼마나 기다리셨겠습니까?

아브람이 하나님께 묻습니다.

"주 여호와여 내가 이 땅을 소유로 받을 것을 무엇으로 알리이까"(창 15:8). 하나님께 증거를 요구하고 있습니다. 대단히 방자한 요구가 아닐 수 없습니다. 그러나 하나님은 다음과 같이 말씀하십니다.

"나를 위하여 삼 년 된 암소와 삼 년 된 암염소와 삼 년 된 숫양과 산비둘기와 집비둘기 새끼를 가져올지니라"(창 15:9).

그리고 그것들을 반으로 잘라 마주 대하여 서로 대칭으로 늘어놓으라고 하셨습니다. 아브람은 다음날, 짐승들을 잡아 정갈하게 마당에 늘어놓았습니다. 해가 지고 밤이 되었습니다. 그런데 갑자기 하늘에서 연기 나는 풀무불이 나타나 쪼개놓은 고기 사이를 지나갔습니다. 그리고 하늘에서 소리가 들렸습니다.

"내가 이 땅을 애굽 강에서부터 그 큰 강 유브라데까지 네 자손에게 주노니"(창 15:18).

이러한 광경은 고대인들이 상호 계약을 맺을 때 행하는 관습이었습니다. 계약 당사자 두 사람은 쪼갠 고기 사이를 지나가며, 계약을 성실히 이행하지 않을 경우, 이와 같이 쪼개지는 죽음을 당해도 좋다는 것입니다.

그런데 놀라운 사실이 있습니다. 그 쪼개놓은 짐승 사이를 아브람이 지나가지 않고 하나님이 지나가셨다는 것입니다. 하나님이 친히 그 약속을 이루어주시겠다고 서명하신 것입니다. 그것이 이루어지지 않을 경우에는 하나님이 그러한 죽음을 당하시겠다는 것입니다. 이것이 하나님이 아브람과 맺으신 '횃불 언약'입니다.

하나님은 아브람과 맺은 횃불 언약의 내용들을 친히 성실하게 이행하셨습니다. 하지만 우리들은 단 하나의 계약 조건, 하나님의 약속을 믿기만 하라는 조건도 어겼으며 하나님 곁을 떠나갔습니다. 하나님을 배반한 것입니다. 그러고는 엉뚱한 곳에서 이렇게 항의를 합니다. "하나님, 나는 왜 이 꼴, 이 모양으로 사는 것입니까?" 하나님은, 마치 왜 나를 낳아서 이 고생을 시키느냐는 철없는 자식들의 항의에 가슴 아파 하는 부모처럼, 어긋난 자녀를 자신의 책임으로 아는 부모처럼 육신을 입고 이 땅에 오셔서, 우리의 잘못을 책임지시고 대신 십자가에서 자신의 몸을 쪼개셨습니다. 그리고 이렇게 말씀하십니다.

"아버지, 저들을 사하여주옵소서. 자기들이 하는 것을 알지 못함이니이다"(눅 23:34).

세상에서 제일 강한 사람이 누구입니까? 바로 믿음의 사람입니다. 하나님의 약속을 믿음으로써 그 사람은 미래를 살아갑니다. 그는 결코 한계를 말하지 않습니다. 고난을 불평하지 않습니다. 하나님의 비전만을 말할 뿐입니다. 초대교인들의 별명은 "능욕을 기뻐하는 자, 세상이 능히 감당하지 못하는 자"였습니다. 그들은 하나님의 꿈을 꾸고 하나님의 약속을 살았습니다.

수백 개의 계란이 있습니다. 겉으로 보기에는 똑같습니다. 그런데 그 알을 품은 지 21일 후에는 전혀 다른 결과를 보입니다. 유정란은 전혀 새로운 차원의 생명인 병아리를 내어놓지만, 무정란은 그저 썩어져 나옵니다. 한 개의 유정란은 수천, 수만, 수억의 무정란을 능히 이기고 남습니다. 그러므로 한 명의 믿음의 사람은 수천, 수만의 불신앙의 사람을 능히 이기고도 남습니다.

여러분은 유정란입니까, 무정란입니까? 믿음이 결정합니다.

그런데 그 믿음은 내가 만든 것입니까, 하나님이 주신 것입니까? 혹시 내 손으로 양철 조각을 뚝딱뚝딱 두드려 만든 조악한 믿음을 훈장처럼 달고 으스대고 있지나 않은지 살펴보았으면 좋겠습니다.

횃불 언약에서는 하나님만 서명하셨습니다. 아브람은 그저 하루 종일 제물에 달려드는 파리와 솔개를 쫓았을 뿐입니다.

조카에게 모든 것을 양보하는 너그러움, 모든 것이 하나님으로부터 왔음을 인정하는 십일조, 자기가 얻은 전리품도 사양하며 오직 하나님만을 의지하는 온전함을 갖춘 아브람조차도 아무것도 할 수 없음을 이미 알고 계셨습니다, 하나님은.

4강 | 창세기 16:1-6

아브람의 최대 실수

하나님의 일,
하나님이 보내신 분을 믿는 일은
하나님의 말씀을 듣고, 그 약속을 믿고,
그 약속을 하나님이 이루심을 인내로 견디며
묵묵히 열심히 가는 것입니다.
결코 그 약속을 내 생각과 방법으로
앞당기려는 것이 아닙니다.

The Story of
Heaven

포목상인 남편 마르셀의 설득으로, 아름다운 아내 자니는 처음으로 작은 마을의 집을 떠나 큰 도시로 여행을 갑니다. 도시에 도착한 남편은 사업상 일로 여념이 없었기에, 자니는 홀로 호텔에 남겨졌습니다. 자니는 집을 떠나온 것을 후회하며, 지난 결혼 생활을 되돌아봅니다. 더 큰 후회가 밀려옵니다. 이런 화려한 도시의 삶이 있었는데, 남편과 작은 마을이 전부인 줄 알고 살았습니다.

자니는 거리로 나가 많은 남자들을 봅니다. 젊은 시절 꿈꾸었던 그런 멋진 남자들이었습니다. 추파를 던지는 남자들도 있었습니다. 위험한 생각을 차마 행동으로 옮기지는 못하고 복잡한 심정으로 호텔로 돌아왔습니다.

저녁 때 남편과 고급 레스토랑에서 시간을 보내고 호텔로 돌아와 침대에 누웠으나 잠을 이룰 수가 없었습니다. 마침내 자니는 깊이 잠든 남편이 깰까, 침대에서 조용히 일어나 밤거리로 나갔습니다. 그리고 상상도 못할 환락을 탐닉했습니다. 새벽녘 돌아와 소리 없이 남편 옆에 누웠습니다. 허무감과 죄책감이 몰려왔습니다. 그녀는 흐느끼기 시작했고, 주체할 수 없는 감정이 복받쳐 큰 소리로 울고 말았습니다. 깜짝 놀라 깬 남편이 물었습니다. "무슨 일이오?" "아무것도 아니에요, 여보. 아무것도…."

알베르 까뮈의 단편, 《간음한 여인*The Adulterous Woman*》의 내용입니다.

또, 영E. Young은 그의 책 《인생의 의미》에서 이런 말을 하였습니다. "가장 열정적인 꿈을 실제로 경험하고 난 후의 공허감이 인생에서 가장 깊은 외로움이다."

아브람의 가장 열정적인 꿈은 바로 대를 이을 아들입니다. 그에 대한 하나님의 약속을 받았고, 횃불 언약을 통하여 하나님이 친히 서명까지 해주셨습니다. 그런데 하나님의 약속은 속히 이행되지 않았습니다. 지지부진한 시간이 10년이나 흘렀습니다. 아브람은 초조해졌습니다. 그의 아내는 더욱 초조했습니다. 나이가 들어가기 때문입니다. 그래서 한 가지 묘안을 찾아냈는데, 대리모를 통하여 아브람의 혈통을 이어보자는 생각입니다. 사래에게는 이집트 여인 하갈이라는 몸종이 있었습니다.

사래는 아브람에게 자신의 계획을 말하자 아브람은 못 이기는 척, 그 제안을 수락하였고, 그리하여 하갈이 임신을 하게 되었습니다. 그런데 아브람 부부는 전혀 예상치 못한 사태에 휘말리게 되었습니다. 임신한 하갈이 여주인을 멸시하는 것입니다. 어느 누가 그런 멸시를 참아내겠습니까? 사래는 남편 아브람에게 항의하였고 항의를 받은 아브람은 모든 결정을 아내에게 위임하였습니다. 사래는 멸시의 보복으로 하갈을 학대하였고, 하갈은 그 학대를 피하여 광야로 도망가는 복잡한 일들이 꼬리에 꼬리를 물고 일어났습니다. 아브람과 사래가 하나님의 약속을 자신의 손으로 이루어보겠다고 시도한 결과입니다.

외로움은 혼자 겪으므로 복잡하지 않습니다. 그러나 멸시와 갈등과 반목은 많은 사람들이 연루된 복잡한 고통입니다.

기독교란 무엇일까요? 이렇다 저렇다, 여러 대답이 있습니다. 그런데 이 질문은, "하나님이 원하시는 것이 무엇일까요?"로 바꾸면, 훨씬 올바른 대답을 얻을 수 있습니다.

"자식을 낳으리라, 하늘의 뭇별만큼 많은 자손을 주리라"는 하나님의 황당한 약속을 90세의 아브람이 믿었습니다. 하나님은 그 믿음을 의로 여기셨습니다. 이것을 '칭의稱義, justification'라고 합니다. 문자 그대로 '의롭다고 칭한' 것입니다. 이 말은 결코 완전히 깨끗해졌다는 의미가 아닙니다. 여전히 아브람은 부족하고 어리석지만, 하나님의 자녀로, 하나님의 친구로 인정해주셨다는 뜻입니다.

이제 아브라함은 그에 합당한 삶, 하나님의 자녀에 걸맞은 수준으로 자신을 끌어올릴 책임이 있습니다. 이것을 '성화聖化, sanctification'라고 합니다. 즉, 거룩해져가는 과정입니다.

칭의와 성화는 기독교 교리의 가장 중요한 두 축입니다.

하나님의 칭의는 언제나 인간의 성화에 앞섭니다. 이 점이 기독교를 다른 종교와 확연히 구별되게 하는 핵심입니다. 그러니까 다른 종교는 인간의 '성화'가 앞서고, 이어서 '칭의'가 따라갑니다. 그러므로 이것이 다른 종교와 기독교를 구별하는 핵심 중의 핵심입니다. 그렇지 않으면 기독교는 더 이상 기독교가 아닙니다.

예를 들어보겠습니다. 고양이 한 마리가 있습니다. 산신령이 나타나 고양이에게 벽면참선을 열심히 수행하면 호랑이가 될 수 있다고 가르쳐줍니다. 그 고양이는 동굴의 벽을 바라보며 참선에 들어갑니다. 하루 종일 돌아만 다니던 고양이가 벽면참선을 하려니 미칠 지경이었습니다. 그러나 호랑이가 될 욕심으로 참고 참고 또

참았습니다. 몇 년이 흘렀을까. 산신령이 보기에 합격이었습니다. 그래서 고양이를 호랑이로 만들어주었습니다. 이것이 기독교를 제외한 다른 종교의 본질입니다.

수행 방법은 종교마다 각기 다릅니다. 오체투신일 수도 있고, 삼보일배일 수도 있고, 100일 동안 오직 마늘만 먹는 것일 수도 있고, 도를 깨우치는 득도와 명상일 수도 있고, 선을 쌓아가는 적선일 수도 있고, 모든 탐욕을 제하는 고행일 수도 있습니다. 또한 모든 것을 버리는 금욕 생활일 수도 있고, 계율을 철저히 지키는 수도 정진일 수도 있고, 남을 위하는 봉사와 순교일 수도 있고, 또는 특정 주문을 외우는 것일 수도 있습니다.

그 방법이 어찌되었건 신神이 정한 합격점에 이르러서야 비로소 신의 세계에 이르게 되고 의롭게 된다는 것입니다. 그 목표가 부귀영화이든, 극락이든, 신선이나 부처이든 모두 같은 것입니다. 섬기는 신에게 받아들여졌다는 것입니다. 그런데 여기에는 생래적인 한계가 있습니다. 그 무엇을 어떻게 한다고 해서 고양이가 절대로 호랑이가 될 수 없으며, 인간은 하나님이 될 수 없습니다.

유대교는 하나님의 종교이지만 그 방법에서는 다른 종교와 하등 다를 바 없습니다. 율법 준수를 통하여 자신을 신의 영역으로 편입시키려 하였다는 점이 유대교가 실패한 근본 원인입니다. 예수님이 유대교를 책망하신 이유는, 유대교가 하나님을 종교화하였다는 것입니다.

종교란 인간의 노력으로 신의 영역에 편입되려는 일체의 행위를 말합니다. 그런 차원에서 기독교는 종교가 아닙니다.

미운 오리새끼 한 마리가 태어납니다. 다른 오리와 다르다고, 이 상하게 생겼다고 갖은 구박과 천대를 받으며 살아갑니다. 그러다 가 자신이 살던 곳, 본토 친척 아비 집에서 추방되어 온갖 어려움 과 위험을 겪습니다. 그러던 어느 날 아름다운 호수에 도착합니다. 그곳에는 아름다운 백조들이 고귀하고 우아한 몸짓으로 날거나 헤 엄치고 있습니다. 미운 오리새끼는 그동안의 고단한 삶으로 인해 마음에 많은 상처가 있었습니다. 차마 자신의 부끄러운 모습을 그 들에게 보일 수 없어서 풀숲에 몸을 숨기고 그 백조들의 황홀한 몸 짓을 바라볼 뿐이었습니다. 너무나 아름다운 광경입니다. 그의 마 음은 뜨거워졌습니다. 이내 자신도 모르게 날개를 퍼덕거리기 시 작했습니다. 그러자 놀라운 일이 벌어졌습니다. 몸이 하늘을 향하 여 부상하기 시작한 것입니다. 호숫가에서 백조들을 바라보던 사 람들이 이렇게 소리칩니다. "야! 세상에서 가장 아름다운 백조가 나타났다!"

미운 오리새끼가 모든 고난과 역경을 이겨내고 시련과 수모를 잘 견뎌냈으므로 하나님이 그를 백조로 만들어주신 것이 절대로 아닙니다. 미운 오리새끼는 실은, 자신도 남들도 몰랐던, 백조였던 것입니다.

성경은 우리를 향하여 '하나님의 형상을 가진 복된 존재'라는 말로 시작합니다. 인간은 원래 하나님의 형상을 가진 하나님의 자녀들입니다. 이것이 우리의 본질입니다.

기독교는, 마음의 평강을 얻기 위하여, 부귀영화를 누리기 위하여, 착하고 선한 사람이 되기 위하여 믿는 것이 아닙니다. 또 하나님의 축복을 받기 위하여 믿는 것은 더더욱 아닙니다. 이런 것들은 다 부수적인 것입니다. 잃었던 하나님의 형상을 회복하여, 하나님의 자녀로서 마땅히 행할 바를 배우며 살아가는 삶 자체가 신앙 생활의 본질이며 성화의 과정입니다.

성화의 목표는 바로 예수 그리스도의 장성한 분량에까지 자라나는 것입니다. 그러므로 성화에 완성이란 결코 있을 수 없습니다. 아무리 남다른 성화를 이루었다고 할지라도, 여전히 우리는 한계가 많은 사람일 뿐입니다.

하갈은 이집트 여자입니다. 성경에서 이집트는 언제나 '세상'을 상징합니다. 기근을 해결하기 위하여 내려간 곳도 이집트이며, 광야에서 출애굽한 이스라엘 사람들이 언제나 돌아가기를 열망한 곳도 이집트입니다. 이집트 여자 하갈을 동원하였다는 것은 과거에 아브람이 기근 문제를 해결하기 위해 이집트로 내려간 일(창 12:10-20)과 본질상 같은 것입니다. 겉은 하나님의 이름으로 포장되어 있지만, 알맹이는 전혀 하나님과 관계없는 시도입니다.

이런 일들이 성도들 사이에서 얼마나 많이 일어나는지 그 수를 헤아릴 수가 없습니다.

한 여신도가 몇 채의 아파트를 급히 처분해야 했습니다. 이를 위해 기도원을 찾았습니다. 부르짖으면 주께서 응답하신다는 설교를 들은 터였습니다. 그래서 소리 높여 통성 기도를 하였습니다. 그 다음날, 한 사람을 만났는데 모 교회 장로라고 스스로를 소개하는 것입니다. 그리고 그 아파트들을 좋은 조건으로 사겠다고 했습니다. 첫눈에 신뢰할 만한 그럴듯한 모습도 갖추었습니다. 그 여신도는 감격하였습니다. "이렇게 좋으신 하나님! 이토록 빨리 응답을 주시다니…." 그런데 그 사람은 사기꾼이었고, 여신도는 엄청난 손해를 보았습니다. 여신도가 소리 높여 부르짖는 기도의 내용을 엿듣고 그 사기꾼이 그녀에게 접근한 것입니다. 그녀가 이렇게 항의합니다. "왜 기도원에서 기도를 하다가 이런 일을 당합니까?" 겉은 하나님으로 포장되어 있으나, 세상에 속한 일들일 뿐이기 때문입니다.

정말 귀담아 들어야 할 말씀이 있습니다. 요한복음 6장에 기록된 내용입니다.

예수님이 이 땅에 오셨을 때 수많은 사람들이 예수님을 쫓아 다녔습니다. 그러던 어느 날 예수님이 보이지 않았습니다. 한참 후에 사람들이, 호수 건너편에 가 계신 예수님을 발견하고 기뻐서 "아니 선생님, 언제 여기까지 오셨습니까?" 하고 물었습니다. 그러자 주님은 편찮은 목소리로 이렇게 말씀하셨습니다.

"너희가 나를 찾는 것은 떡을 먹고 배부른 까닭이로다"(요 6:26).

저마다 많은 사람들이 자기 주변에 모이기를 바랍니다. 그래서 교회도 번창하고 사업도 번창하고 많은 사람들의 지지와 인기를 얻어서 출세하기를 원합니다. 그런데 예수님은 정반대입니다. 예수님 주변에 사람들이 구름처럼 모여들어도 주님은 전혀 좋아하지 않으셨습니다. 잘못 찾아왔다는 것입니다. 그리고 이렇게 말씀하십니다. "썩을 양식을 위하여 일하지 말고 영생하도록 있는 양식을 위하여 하라"(요 6:27).

예수님으로부터 구해야 할 것은 "영생하도록 있는 양식"이라는 것입니다.

그런데 사람들은 그 말을 이해하지 못하고 엉뚱한 소리를 합니다.

"영생하도록 있는 양식을 얻을 수 있다고요? 이제 그 양식만 얻으면 뼈 빠지게 일할 필요도 없겠네요. 그것 참 좋겠습니다." 그래서 묻습니다. "우리가 어떻게 하여야 하나님의 일을 하오리까"(요 6:28).

그러자 주께서 대답하십니다. "하나님께서 보내신 이를 믿는 것이 하나님의 일이니라"(요 6:29). 이어서 말씀하십니다.

"나는 생명의 떡이니 내게 오는 자는 결코 주리지 아니할 터이요"(요 6:35).

"내 살을 먹고 내 피를 마시는 자는 내 안에 거하고 나도 그의 안에 거하나니 살아계신 아버지께서 나를 보내시매 내가 아버지로 말미암아 사는 것같이 나를 먹는 그 사람도 나로 말미암아 살리라"(요 6:56-57).

이 말을 들은 사람들이 수군거리기 시작합니다. "도대체 무슨 말을 하는 거냐? 사람의 살을 먹고 피를 마시다니." 도무지 알아들을 수 없다고 모두 흩어져 버렸습니다.

왜 그들은 예수님의 말씀을 이해하지 못하였을까요? 그들은 땅의 안녕과 풍요를 구하였고, 예수님은 영에 속한 일을 하셨기 때문입니다.

기도 열심히 하면 좋은 대학에 들어가고, 십일조 생활 열심히 하면 사업 번창하고, 신앙 생활 열심히 하면 만사형통하고…. 이런 이야기들이 교회 안에 가득 넘칩니다. 많은 것들이, 겉포장은 하나님이지만, 속내용은 땅의 풍요입니다.

아브람도 사래도 하나님의 약속의 깊은 뜻에는 관심이 없고, 다만 자손과 땅의 축복에만 관심을 두었습니다. 그래서 복잡한 일이 야기되었고, 오늘날 21세기에는 도저히 풀 수 없는 지경에까지 이르렀습니다. 그때 태어난 하갈의 아들 이스마엘의 후손이 무함마드입니다. 유대교와 기독교와 이슬람교의 갈등과 반목의 시작이 여기에서 비롯된 것입니다.

예수님이 제자들에게 물으십니다. "너희도 가려느냐"(요 6:67).

베드로가 대답합니다. "영생의 말씀이 주께 있사오니 우리가 누구에게로 가오리이까"(요 6:68).

하나님의 일, 하나님이 보내신 분을 믿는 일은 하나님의 말씀을 듣고, 그 약속을 믿고, 그 약속을 하나님이 이루심을 인내로 견디며 묵묵히 열심히 가는 것입니다. 결코 그 약속을 내 생각과 방법으로 앞당기려는 것이 아닙니다. 우리는 이미 하나님의 자녀입니다. 다만 잃어버린 하나님의 형상을 회복하는 것이 기독교의 본질입니다.

그 작업은 하나님 앞에 서는 날까지 계속됩니다. 땅의 일에 욕심을 내는 순간 그 작업은 중지됩니다. 아무리 아브람이라 할지라도.

조용히 나 자신을 들여다봅니다. 하나님의 형상 회복에 얼마나 무관심한지, 얼마나 땅의 일에 코를 박고 있는지. 그래서 사는 일이 이토록 시끄럽고 번잡하고 힘이 듭니다. 이제는 눈을 들어 하늘을 보고, 내 모양새를 볼 때가 되었습니다.

할례 언약

하나님 앞에 겸손히 무릎을 꿇을 때,
드디어 하나님의 때가 시작됩니다.
하나님의 위대한 건설이 있기 위해서는 반드시
'거룩한 파괴'가 선행되어야 합니다.
그동안의 나를 무너뜨리는 일 말입니다.

The Story of
Heaven

산악 그랜드 슬램을 아십니까? 세계 3대 극지와 7대륙 최고봉, 그
리고 8,000m급 이상 히말라야 거봉 열네 개를 오르는 것을 말합니
다. 우리나라 42세의 박영석 씨가 그 산악 그랜드 슬램을 달성했습
니다.

　박영석 씨는 5,000m 이상의 산은 인간이 어쩌지 못하는 '하나
님의 영역'이라고 말합니다. 인간이 인내하고 노력한다고 오를 수
있는 것이 아니라, 하나님이 날씨와 환경을 허락해야 오를 수 있
다는 것입니다. 그래서 정상에 오르면, 정복했다는 쾌감보다는 정
상에 오르도록 허락하신 하나님에 대한 감사와 감격이 앞선다고
합니다.

　산다는 것도 높은 산 오르기와 같습니다. 어느 정도까지는 노

력하면 이룰 수 있습니다. 그러나 사람이 울어도 안 되고 애써도 안 되는 영역이 있습니다. 그래서 많은 사람들이 포기합니다. 정상에 오르지도 못한 채 체념하고 산기슭 언저리를 맴돌며 살아갑니다.

산악인 박영석 씨가 한계를 극복하고 은혜의 산에 오를 수 있는 중요한 삶의 태도를 가르쳐주고 있습니다. 무엇보다도 "하나님 앞에서 겸손하라"는 것입니다.

8,000m급 정상에 오르기 위해서는 천기天氣를 잘 읽어야 합니다. 곧 하나님의 뜻을 잘 알아야 합니다. 신앙 생활의 궁극적인 본질은 '하나님의 마음 읽기'에 있습니다. 그렇기 때문에 성령의 도우심이 절대적으로 필요합니다. 성령께서는 깊고 깊은 하나님의 뜻을 통달케 하시는 영이며 하나님과 하나되게 하시는 영이기 때문입니다.

신앙 생활에도 넘어야 할 산들이 있습니다. 어떤 산들일까요?

아브람은 이 산을 넘는 데, 13년이 걸렸습니다. 아브람은 하나님의 약속을 믿음으로 하나님의 의를 얻었습니다. 바로 '칭의의 은총'입니다. 그런데 아브람에게 아들을 얻겠다는 욕심이 앞섰습니다. 그래서 인간적인 방법을 동원하였고, 그로 인해 예기치 못한 복잡한 일에 휘말리게 되었습니다. 하갈을 통하여 이스마엘을 얻었으나, 그로 인한 갈등과 불화의 어두운 그림자에서 도저히 벗어날 수 없었습니다.

하나님보다도, 하나님을 통하여 땅의 것을 얻으려는 사람이 겪을 수밖에 없는 필연입니다. 이런 사람들은 끝내는 은혜의 산, 자유의 산에 오르지 못하고 산기슭을 헤매다 사라져버립니다.

반드시 넘어야 할 산이 바로 '기복 신앙의 산'입니다. 아브람이 위대한 믿음의 조상으로 남을 수 있었던 것은 이 기복 신앙의 산을 넘었기 때문입니다.

이스마엘을 낳았을 때 아브람의 나이는 86세였습니다. 그로부터 13년 동안 하나님은 그에게 나타나지 않으셨습니다. 그동안 아브람은 무엇을 하였을까요? 성경은 그에 대하여 침묵하고 있습니다. 그러나 짐작은 할 수 있습니다.

99세의 아브람에게 나타나셔서 하나님이 하신 첫 말씀은, "나는 전능한 하나님이라. 너는 내 앞에서 행하여 완전하라"입니다.

'전능하신 하나님, 엘 샤다이'. 하나님의 또 다른 이름입니다. 이 명칭은 하나님이 자신에 대하여 친히 밝히신 최초의 경우입니다. 오직 하나님만이 자신의 약속을 성취하시는 무한한 능력을 소유하고 계십니다. 13년 만에 나타나신 하나님이 왜 자신을 전능하신 존재로 밝히셨을까요?

13년 동안 아브람은 자신의 무능함을 뼈저리게 절감하였습니다. 아브람이 '엘 샤다이', 곧 전능하신 하나님이라는 명칭을 들었을 때, 그는 누구보다 깊이 그 뜻을 깨달았을 것입니다. "하나님의 약속은 하나님의 때에 하나님에 의해서 이루어지는 것이구나." 아브람이 얻은 최고의 교훈입니다.

아브람은 회한 가운데 하나님의 때를 기다리며 성실히 살았을 것입니다. 하나님은 그의 삶을 보시고 비로소 그의 앞에 다시 나타나셨습니다.

하나님의 말씀은 이어집니다. "내가 내 언약을 나와 너 사이에 세워 너로 심히 번성케 하리라." 99세 된 아브람은 하나님 앞에 엎드렸습니다. 그리고 하나님의 말씀을 그저 묵묵히 들었습니다.

그러고 나서 하나님이 하신 일은 아브람의 이름을 바꿔 주신 것입니다.

"보라 내 언약이 너와 함께 있으니 너는 여러 민족의 아버지가 될지라. 이제 후로는 네 이름을 아브람이라 하지 아니하고 아브라함이라 하리니 이는 내가 너를 여러 민족의 아버지가 되게 함이니라"(창 17:4-5).

'아브람'은 '고귀한 아비'라는 뜻이고, '아브라함'은 '열국의 아비'라는 뜻입니다. 개인과 가정의 차원에서 더 넓은 차원으로 그 지평이 넓어진 것입니다.

이름은 본질입니다. 이름을 바꾼다는 것은 본질이 바뀌었음을 의미합니다. 왕이 작위를 수여하듯, 하나님이 아브라함를 열국의 아비로 세우신 것입니다.

이어서 하나님은 아브라함 자신과 모든 남자에게 할례를 행할 것을 명령하셨습니다. '할례'는 하나님의 백성 된 표식입니다. 아브라함은 하나님의 명령을 시행하였고, 그리하여 비로소 하나님의 백성이 된 것입니다. 본토 친척 아비 집을 떠나 하나님이 지시하시는 곳을 향해 떠난 지 실로 24년 만의 일입니다.

왜 하나님은 아브라함이 99세 되었을 때에 할례를 명령하시고 자녀로 삼으셨을까요?

아브라함의 힘이 조금이라도 남아 있을 때는 아직도 하나님의 때가 아니었기 때문입니다. 하나님 앞에 겸손히 무릎을 꿇을 때, 드디어 하나님의 때가 시작됩니다. 하나님의 위대한 건설이 있기 위해서는 반드시 '거룩한 파괴'가 선행되어야 합니다. 그동안의 나를 무너뜨리는 일 말입니다.

집을 짓는답시고 게딱지 같은 집들을 어지럽게 짓습니다. 기본 설계도 없고 기초도 부실합니다. 건축 자재도 턱없이 부족합니다.

그러면서도 여전히 무언가를 지어보겠다고 몸부림을 칩니다. 하나님이 나타나셔서 내 인생의 터 위에 멋진 건축을 하시겠다는데도 한사코 집 헐기를 거부합니다.

'아브람'이 '아브라함'이라 불리며 할례를 받았다는 것은, 이제 내 손으로 내 생각에 따라 집 짓는 시도를 멈추었음을 의미합니다. 할례는 하나님의 호적에 등재됨을 의미하며, 하나님께 나 자신을 온전히 드림을 의미합니다. 하나님은 이제 본토 친척 아비의 차원을 넘어, 열국의 아비 아브라함 위에 하나님의 나라를 세우시는 그 첫 삽을 뜨셨습니다. 할례는 그만큼 중요한 것입니다.

로마서 3장 1-2절에서 사도 바울은 이렇게 묻고 있습니다. "그런즉 유대인의 나음이 무엇이며 할례의 유익이 무엇이냐. 범사에 많으니 우선은 그들이 하나님의 말씀을 맡았음이니라."이 말씀을 오늘의 말로 바꾸면, "그리스도인의 나음이 무엇이며, 세례의 유익이 무엇인가?"입니다.

스스로에게 물어봅시다. 세례를 받고 그리스도인이 되었는데 무슨 득을 보았습니까? 범사에 많이 있습니다. 그런데 사도 바울은 더 크고 본질적인 것이 있다고 말합니다.

"우선은 그들이 하나님의 말씀을 맡았음이니라"(롬 3:2).

세상에서 무언가 책임을 맡으면 부담스러워합니다. 그런데 왜 하나님의 말씀을 맡은 것을 최고의 특권이요 축복이라고 말하는 것일까요?

돈을 은행에 맡깁니다. 이것을 '예금預金'이라고 합니다. 하나님도 우리에게 말씀을 맡기셨습니다. 이것을 '예언預言'이라고 합니다. 사람들은 '예언' 하면 앞날을 내다보며 점치는 것을 생각하지만, 성경에서 말하는 예언은 본질적으로 다른 것입니다. 예언이라 할 때에 '예'자는 앞을 내다볼 '예豫'라기보다는, 맡길 '예預'입니다. 다른 말로 하면, '신탁神託'입니다.

사도 바울은 이렇게 말합니다.

"사랑을 추구하며 신령한 것들을 사모하되 특별히 예언을 하려고 하라"(고전 14:1).

예언은 앞날을 내다보거나 점을 치라는 말이 아닙니다. 예언의 기능을 사도 바울은 이렇게 말합니다. "그러나 예언하는 자는 사람에게 말하여 덕을 세우며 권면하며 위로하는 것이요"(고전 14:3). 예언은 교회의 덕을 세우고 사람을 권면하며 안위하는 말입니다. 점쟁이처럼 앞날을 예언한다고 해서 덕이 세워지는 것이 아닙니다. 여기서 말하는 예언은 오늘날의 설교나 간증을 말합니다. 설교와 간증은 하나님을 보게 하고, 덕이 세워지고 소망을 갖게 합니다.

왜 하나님은 우리에게 말씀을 맡기셨을까요?

첫 번째 이유는, 우선 나 자신을 위해서입니다. 은행에 돈을 맡기는 이유가 나 자신을 위한 것과 마찬가지입니다. 말씀을 내 삶에 적용하여 그 풍성한 은혜의 열매를 수확하라는 것입니다.

우리는 씨 뿌리는 비유를 잘 알고 있습니다. 옥토에 심은 열매가 썩어졌을 때에 삼십 배, 육십 배, 백 배의 열매를 맺는다고 하였습니다. 주님이 백 배의 결실을 맺는 법을 가르쳐주십니다.

"내가 진실로 너희에게 이르노니 나와 복음을 위하여 집이나 형제나 자매나 어머니나 아버지나 자식이나 전토를 버린 자는 현세에 있어 집과 형제와 자매와 어머니와 자식과 전토를 백 배나 받되 박해를 겸하여 받고 내세에 영생을 받지 못할 자가 없느니라"(막 10:29-30).

이 말씀은 단순한 물질의 복을 넘어서는 영적인 결실을 말하고 있습니다. 예수님을 위하여 말씀의 씨를 심고 내 소유와 생명을 버렸더니 그로 인하여 백 배의 생명력을 얻었다는 말씀입니다. 말씀을 내게 맡기신 이유는 내 삶에 적용하라는 것입니다. 겉은 불합리해 보이지만, 그 안에 백 배의 결실을 내는 생명력이 있다는 말씀입니다.

무씨와 배추씨의 차이를 아십니까? 모두 다 조그맣고 까만 씨입니다. 구별이 쉽지 않습니다. 그 차이를 알기 위해서 취할 수 있는 방법은 세 가지가 있습니다. 책을 보는 것과 아는 사람에게 물어보는 것, 그리고 직접 심어보는 것입니다.

책을 통해서 아는 방법이 가장 쉽고 빠릅니다. 그러나 책이나 다른 사람을 통하여 아는 사람은 이렇게 말합니다. "이게 무씨래, 저게 배추씨래." 그러나 직접 심어본 사람은 다릅니다. "이것이 무씨다. 저것이 배추씨다." 확실히 말합니다. 직접 심어본 사람은 오랜 시간이 걸리지만 가장 확실합니다. 또한 많은 열매를 수확하는 기쁨을 누릴 수 있습니다.

하나님의 말씀도 마찬가지입니다. 그 말씀을 우리의 삶에 직접 심어보아야 합니다. 말씀의 열매를 직접 확인하여야 합니다. 그래서 하나님의 말씀을 맡긴 것이 최고의 유익이 됩니다.

하나님이 우리에게 말씀을 맡기신 두 번째 이유는 다른 사람을 위해서입니다. 마치 우리가 예금한 돈이 국가 경제를 일으켜 다른 사람에게도 유익을 주는 것과 같습니다.

"그런즉 그들이 믿지 아니하는 이를 어찌 부르리요 듣지도 못한 이를 어찌 믿으리요 전파하는 자가 없이 어찌 들으리요"(롬 10:14). 무슨 말씀입니까? 하나님의 말씀을 맡기신 이유는 전파하라는 것입니다.

"나는 너와 및 예수의 증언을 받은 네 형제들과 같이 된 종이니 삼가 그리하지 말고 오직 하나님께 경배하라. 예수의 증언은 예언의 영이라"(계 19:10).

내가 세례를 받아 하나님의 백성이 되었습니다. 그 증거가 '예언의 영' 입니다. 성령을 받아 하나님의 백성이 되셨습니까? 그렇다면 하나님의 말씀을 전하는 역할을 해야 합니다. 우리가 침묵하면 하나님도 침묵하실 수밖에 없습니다. 하나님이 침묵하시면 세상은 곧 혼돈과 공허와 흑암에 빠져버립니다.

현재 중국 내륙은 급속도로 사막화가 진행되고 있습니다. 엄청난 양의 모래가 바람에 실려와 도시를 위협하고, 1년에 남한만 한 면적이 사막으로 변한다고 합니다. 그래서 사람들은 여러 가지 방법을 모색하고 실험을 해보았습니다. 사막에다 여러 종류의 씨앗을 비행기로 공중 살포하고 여러 종류의 나무도 부지런히 심었습니다. 그런데 가장 효과적으로 뿌리를 내리는 식물은 '화봉花峰' 이라는 작고 빨간 꽃을 피우는 식물이었습니다. 이 식물은 척박한 모래땅에 뿌리를 내리기 시작했습니다. 그리고 3년 만에 꽃을 피우고 번식하였습니다. 이 식물이 뿌리를 내리면 모래를 고정시킵니다. 그리고 모래의 이동을 막아주고 그 사이 사이에다 나무를 심으면 나무들이 자라나기 시작합니다.

하나님의 말씀에 깊게 뿌리를 내리고 배우고 익힙시다. 하나님의 약속을 믿고 버팁시다. 3년만 버티면 사막이 어느새 아름다운 초원으로 변합니다. 하나님의 말씀을 배우는 것이 가장 늦고 비효율적인 것 같으나 가장 효과적이고 빠른 방법입니다.

창세기 18:7-15

6강

웃었느니라

진정 하나님만을 두려워할 때
이상한 일이 일어납니다.
놀랍게도 그 두려운 하나님으로부터,
어떤 두려움도 이길 수 있는
힘이 공급된다는 사실입니다.

The Story of
Heaven

아브라함이 마므레 상수리 수풀 근처에 거할 때에 하나님이 나타
나셨습니다. 예루살렘 남쪽 30km 떨어진 이곳은 이스라엘 신앙의
발상지로서 '거룩한 장소'가 되었습니다.

　성지로 불리는 거룩한 장소가 많이 있습니다.

　도망치다 지친 야곱이 돌베개 베고 잠든 곳이 하나님의 전이요,
하늘과 통하는 거룩한 장소, 벧엘이 되었습니다. 죄수들이 처형을
받았던 갈보리 언덕은 예수님의 십자가 처형으로 가장 거룩한 장
소가 되었습니다. 이런 성지들은 사람들의 주목을 받지 못했던 곳
입니다. 그런 곳이 거룩한 장소로 바뀌는 과정을 깊이 생각해볼 필
요가 있습니다.

　그곳의 공통점은 모두 하나님이 나타나신 곳이라는 점입니다.

그런데 하나님이 나타나셨다는 이유만으로 그곳이 거룩한 장소가 되는 것은 아닙니다. 엄밀히 말하자면, 하나님은 어느 곳에나 계십니다. 그러므로 존재하는 모든 곳은 거룩한 곳입니다. 어떤 장소가 성지가 되느냐 안 되느냐는 사람에게 달려 있습니다.

아브라함은 우리와 전혀 다를 바 없는 사람입니다. 오히려 더 무능하고 더 비겁할 수도 있습니다. 그러나 그는 하나님을 알아보고, 하나님의 말씀에 귀를 기울이고, 하나님의 뜻에 순종하였습니다. 그의 태도가 그가 있던 곳을 거룩한 장소로 만든 것입니다.

기독교의 성지는 다른 종교의 성지와는 전혀 차원이 다릅니다. 다른 종교의 성지는, 그 장소에서 신령한 기운이 나온다고 여겨 인간의 범접 자체를 거부하는 신성한 곳으로 간주됩니다. 범상치 않게 생긴 바위와 나무, 명당 자리 등등…. 성황당 나무를 건드렸다가는 큰 화를 입는다는 식입니다.

사람들이 이스라엘로 성지 순례를 떠납니다. 그러나 이스라엘에 널려 있는 성지는 그런 유의 신성한 곳이 아닙니다. 그저 신앙의 선조들이 가졌던 굳건한 신앙의 추억을 더듬는 곳입니다. 오히려 내가 아파 누워 있는 병석이나 생을 마감하는 죽음의 자리가 더욱 거룩한 장소가 될 수 있습니다. 조건은 단 하나, 그 자리에서 하나님을 만날 경우입니다.

내가 거하는 그곳을 거룩한 장소로 만들어야 합니다. 그러기 위해서는 모든 사건을 하나님 사건으로 전환시켜야 합니다. 내 주장을 내려놓고 하나님의 뜻을 묻고 그에 따라 일을 처리해야 합니다.

아브라함은 그들이 누구인지 몰랐습니다. 그러나 무릎을 꿇으며 말했습니다. "내가 주께 은혜를 입었사오면 원하건대 종을 떠나 지나가지 마시옵소서." 모르는 그들을 '주主'라 부르는 것은 당시의 관례였습니다. "손님 대접하기를 잊지 말라 이로써 부지중에 천사들을 대접한 이들이 있었느니라"(히 13:2)는 구절은 바로 이때의 아브라함을 두고 한 것입니다. 아브라함은 그들을 극진히 대접하였는데, 그들이 범상한 인물이 아님을 감지했을 것입니다.

식사가 끝난 다음, 그들이 사라를 찾습니다. 그리고 아주 중요한 말을 합니다. "내년 이맘때 내가 반드시 네게로 돌아오리니 네 아내 사라에게 아들이 있으리라"(창 18:10).

그런데 이 말씀을 사라가 장막 안에서 듣고 말았습니다. 사라가 보인 반응을 성경은 이렇게 기록하고 있습니다. "사라가 속으로 웃고 이르되 내가 노쇠하였고 내 주인도 늙었으니 내게 무슨 즐거움이 있으리요"(창 18:12).

모든 것을 훤히 들여다보고 계시는 하나님입니다. 아무리 사라가 장막 뒤에서 웃었다고 하더라도 이미 알고 계셨습니다. "사라가 왜 웃으며 이르기를 내가 늙었거늘 어떻게 아들을 낳으리요 하느냐?" 그러시면서 하나님이 자신에 대해 이런 말씀을 하십니다.

"여호와께 능하지 못한 일이 있겠느냐? 기한이 이를 때에 내가 네게로 돌아오리니 사라에게 아들이 있으리라" 다시 확인을 하셨습니다. 들켜버린 사라가 더럭 겁이 났습니다. 그래서 딱 잡아떼며 말합니다. "내가 웃지 아니하였나이다." 하나님의 답은 너무나 간단합니다. "네가 웃었느니라."

성경을 읽다보면 이상한 생각이 들 때가 많습니다. 별로 중요하지 않은 것 같은데, 문답 하나 하나가 자세히 기록된 구절이 있는 반면에, 대단히 중요한 사항은 단 몇 줄로 그치고 있습니다.

중요한 것은 자세하고 길게 설명합니다. 하찮은 것은 생략하거나 간단히 말합니다. 성경은 하나님의 말씀입니다. 길게 설명하는 것은 하나님이 중요하게 여기신다는 것입니다. 이것이 기본 중의 기본입니다. 그러므로 왜 하나님이 중요하게 여기시는지 그 이유를 찾아야 합니다.

아브라함을 향한 하나님의 계획은, 인간이 잃어버린 믿음의 유전자를 아브라함 안에서 만드는 것이며, 그 유전자를 확산시키는 것입니다. 그러므로 하나님은 아브라함에게 아들을 주실 것입니다. 그런데 그 아들은 반드시 믿음의 유전자를 가져야 합니다.

아브라함에게는 아들이 중요합니다. 그래서 하갈을 통하여 이스마엘을 낳았고, 전혀 원치 않는 말썽에 휘말리고, 어려운 일을 겪었습니다. 아브라함은 이 일련의 일들을 통하여 무엇을 경험했을까요? 만약 아브라함이 이 모든 일들을 그저 일상의 잡사雜事로 경험했다면 하나님의 의도와는 전혀 부합되지 않습니다. 그렇다면 아브라함은 롯처럼 하나님의 구원 사역에서 제외되었을 것입니다.

그러나 아브라함은 자신의 잘못을 깨닫고 하나님께로 돌아왔고, 하나님은 그를 받아주셨습니다. 그 증거가 하나님이 그에게 명령하신 할례입니다. 아브라함이 하나님이 만족할 만한 수준에 이르렀다고, 그에게 믿음의 유전자가 생겼다고 판단하신 것입니다. 그래서 하나님의 사자들을 그에게 보내셔서 아들에 대한 메시지를 전하신 것입니다. 아브라함은 아들을 낳을 것이라는 하나님의 말씀을 믿었고, 사라는 웃었습니다. 사라의 웃음은 곧 의심입니다.

"네가 웃었느니라."

그 말을 남기고 하나님의 사자들은 떠나 소돔과 고모라로 발길을 옮겼습니다.

그 이후, 소돔과 고모라를 향한 무서운 유황불 심판이 있었습니다. 그리고 아브라함은 아비멜렉에게 사라를 빼앗기는 수모를 겪

어야 했습니다. 이집트 파라오에게 당한 일의 반복입니다. 긴 시간
이 흘렀습니다. 아직 아들이 생기지 않았습니다. 하지만 그 전과는
전혀 다른 차원으로, 즉 믿음으로 이 사건들을 치렀습니다.

"여호와께서 말씀하신 대로 사라를 돌보셨고 여호와께서 말씀
하신 대로 사라에게 행하셨으므로 사라가 임신하고 하나님이 말씀
하신 시기가 되어 노년의 아브라함에게 아들을 낳으니"(창 21:1-2).

하나님은 그 아들의 이름을 '이삭'이라 부르도록 하셨습니다.
'이삭'의 뜻은 '웃음'입니다.

아브라함과 사라는 그 아들을 볼 때마다 웃었습니다. 첫째는 너
무나 기뻐서, 둘째는 그때 일이 생각나서 웃었습니다.

다윗은 이런 노래를 불렀습니다. "의인을 위하여 빛을 뿌리고
마음이 정직한 자를 위하여 기쁨을 뿌리시는도다"(시 97:11). 하나
님은 모든 사람들에게 빛과 기쁨을 뿌리십니다. 차별이 없습니다.
세상은 이미 빛과 기쁨이 가득합니다.

그런데 빛과 기쁨 자체를 보지 못하는 사람들이 있습니다.

빛과 기쁨을 용을 쓰며 찾아다니는 사람들이 있습니다.

빛과 기쁨은 자신이 이룩한 것이라고 착각하는 사람들이 있습니다.

그러나 의인은 그 빛과 기쁨이 하나님이 주신 것이라고 믿고는
감사합니다. 그는 정직한 사람입니다.

빅터 프랭클 박사는 《삶의 의미를 찾아서》에서 이렇게 말합니다. "저는 저의 비좁은 감방에서 주님을 불렀나이다. 그리고 주님은 자유로운 공간에서 저에게 응답하셨나이다." 지옥과 같은 상황에서 오랜 시간 무릎을 꿇고 주님을 애타게 찾았습니다. 그러자 자유로운 하나님이 갇힌 그에게 응답하셨습니다. 그 후, 그에게 새로운 삶이 시작되었습니다. 비록 인간이 행할 수 있는 최악의 폭력이 난무하고, 인간의 생명이 한 조각 빵만큼의 가치도 없는 죽음의 수용소였지만, 그는 그 후 하나님이 공급하시는 웃음과 소망을 잃지 않았습니다.

진정 하나님만을 두려워할 때 이상한 일이 일어납니다. 놀랍게도 그 두려운 하나님으로부터, 어떤 두려움도 이길 수 있는 힘이 공급된다는 사실입니다. 세상의 폭력과 위협이 아무리 강하고 두려워할 만한 것이어도, 얼마든지 웃으며 이길 수 있는 힘이 하나님으로부터 공급됩니다.

독일 나치의 아우슈비츠 수용소에서 한 유대인이 이렇게 말합니다. "히틀러는 반드시 유대인의 명절에 죽는다."

"그걸 어떻게 알아?"

"히틀러가 죽는 날은 유대인의 명절이 될 테니까!"

하나님은 웃음을 되찾아주시는 분입니다.

2

모리아 산으로 가는 길

"사자가 이르시되 그 아이에게 네 손을 대지 말라. 그에게 아무 일도 하지 말라. 네가 네 아들 네 독자까지도 내게 아끼지 아니하였으니 내가 이제야 네가 하나님을 경외하는 줄을 아노라"(창 22:12).

7

하나님과의 흥정

자신을 끝없이 낮추며
자신과는 상관없는 사람들의 구원을 위하여
목숨을 걸고 의인의 수를 협상하는
아브라함이 바로 하나님이 찾고 계신
사람입니다.

The Story of
Heaven

시키고 대학 핵 물리학자들이 〈핵 과학 보고서*Bulletin of the Atomic Science*〉라는 잡지를 격월로 발간하고 있습니다. 그 책표지에는 항상 시계 그림이 그려져 있는데 사람들은 그 시계를 '지구 운명의 시계'라고 부릅니다. 1947년 아인슈타인 박사와 그의 동료들이 처음으로 발간한 이 잡지는, 핵무기로 인한 인류의 종말을 경고하기 위하여 그런 그림을 게재했습니다. 12시를 지구의 종말로 설정하고 그 시각을 알려주는데, 가장 위험한 때는 1953년 미국이 수소폭탄 투하를 성공리에 마쳤을 때이며 이때 지구 운명의 시계가 가리키는 시각은 11시 58분이었습니다. 가장 안전한 때는 1991년 미·소 두 강대국이 전략 핵무기 감축 협상에 서명한 때로서 시계는 11시 43분을 가리키고 있었습니다. 그러면 현재 시각은 몇 시일까요?

무슬림에 의한 세계무역센터 폭파 사건인 9.11 미국 테러를 기준으로 그 시각을 11시 56분으로 조정하였고, 이것이 현재 지구 운명의 시각입니다.

잊을 만하면 등장하는 것이 있습니다. '예수 재림'입니다. 예수님의 재림은 곧 인류의 종말이기 때문입니다.

소위 종말론자들의 예수 재림 사건들은 모두 불발로 그쳤는데, 그럴수록 기독교에 대한 신뢰는 땅에 떨어졌고, 웃음거리가 되었습니다. 예수님조차도 그 시기에 대해서는 모른다고 분명히 못 박으셨습니다. 시기에 대해서는 관심을 끄라는 당부입니다.

예수 재림과 세계 종말에서 정말 중요한 것이 있습니다.

'종말의 시기'가 아니라 '자기 정체성'입니다.

인류의 종말을 무시무시하게 서술한 요한계시록을 읽으면서, 초대교인들은 소망과 용기를 얻었습니다. 요한계시록은 "마라나타, 주여 어서 오시옵소서"로 끝나고 있습니다. 주님이 속히 오셔서, 그 무서운 일들을 일으켜주시고 적대자들을 물리쳐주시며 자신들을 구원해달라는 것입니다. 초대교인뿐만 아니라 이스라엘 백성들도 에스겔서나 다니엘서와 같은 묵시록을 읽으며 그렇게 간절히 원했습니다. 그들이 그렇게 외칠 수 있었던 것은 분명한 자기 정체

성 때문입니다.

심판의 다른 말은 '구원'입니다. 종말은 영원한 심판인 동시에 영원한 구원을 의미합니다.

내가 비록 힘이 약하여 현재 대적자들에게 당하고 있으나, 예수님이 나타나시면 그들은 멸망이요 나는 구원이라는 것입니다. 그러므로 가장 중요한 것은, 심판의 시기나 심판의 무서움이 아니라, 내가 어디에 속해 있느냐 하는 것입니다.

소돔과 고모라의 심판을 앞두고, 하나님이 아브라함에게 이렇게 말씀하십니다.

"내가 하려는 것을 아브라함에게 숨기겠느냐"(창 18:17).

아브라함에게 종말의 시기를 알려주신다는 것입니다. 이유는 단하나, 아브라함이 하나님께 속한 유일한 사람이기 때문입니다.

하나님이 아브라함에게 알려주신 내용입니다.

"아브라함은 강대한 나라가 되고 천하 만민은 그로 말미암아 복을 받게 될 것이 아니냐. 내가 그로 그 자식과 권속에게 명하여 여호와의 도를 지켜 의와 공도를 행하게 하려고 그를 택하였나니 이는 나 여호와가 아브라함에게 대하여 말한 일을 이루려 함이니라"(창 18:18-19).

하나님은 아브라함을 부르시고 택하신 두 가지 목적을 분명하게 천명하십니다.

첫째는 아브라함을 복의 근원으로 만들어서 다른 사람들도 복을 받게 하기 위함이며, 둘째는 하나님의 법을 지켜 의와 공도를 행하게 하기 위함입니다. 아브라함이나 그의 가족을 잘 먹고 잘 살게 하기 위해서 부르신 것이 아닙니다. 이 부르심의 목적을 분명히 자각하는 것이 대단히 중요합니다. 이것이 하나님의 심판의 시기를 결정하기 때문입니다. 하나님의 사람들이 그 부르심의 목적을 등한히 하고 엉뚱한 것을 추구할 때, 하나님의 심판이 임합니다.

성경에도 하나님의 심판의 시계가 있습니다. 레위기 26장 14-33절에 있습니다. 그 내용은 다음과 같습니다.

이스라엘 백성들이 하나님의 말씀을 청종하지 않습니다. 그 결과, 폐병과 열병으로 눈이 어두워지고 생명이 쇠약하게 되며, 파종은 헛되고 대적에게 패하게 되며, 대적자들이 다스릴 것이며 쫓는 자가 없어도 이스라엘 백성은 도망치게 됩니다.

그래도 이스라엘이 돌아오지 않습니다. 그리하면 사람들의 수고가 헛되게 되고 땅이 소산을 내지 않게 된다고 하나님이 말씀하십니다.

그래도 이스라엘의 딴전 피움은 더욱 심화됩니다. 그리하면 성읍에 염병이 돌며 이스라엘을 대적자들의 손에 붙일 것이며 나아가서는 양식이 끊어지고 먹어도 배부르지 않게 될 것이라고 하나님이 말씀하십니다. 그리고 성읍이 황폐해지고 성소가 황량하게 되며 하나님께 드리는 제사가 거절당할 것이라고 경고하십니다.

최종 심판의 증거로 기가 막힌 일이 일어납니다. 그것은 부모가 자녀들의 살을 먹게 된다는 것입니다. 그리고 이스라엘 백성이 사방으로 흩어지는 일입니다. 이것이 하나님의 심판의 시나리오입니다.

열왕기하 6장 24절 이하에 이런 기록이 있습니다. 아람 왕 벤하닷이 북왕국 이스라엘의 수도 사마리아를 포위하였습니다. 그러자 먹을 것이 없어지고 기근이 심하게 되었습니다. 그래서 나귀 머리 하나가 은 팔십 세겔에 팔릴 정도였습니다. 그래도 포위가 풀리지 않고 먹을 것이 완전히 떨어졌습니다. 그러자 여인들이 이런 대화를 나눕니다. "네 아들을 내놓아라. 우리가 오늘 먹고 내일은 내 아들을 먹자"(왕하 6:28). 하나님의 심판의 시각이 11시 59분이 되었다는 것입니다.

마지막 남아있는 최종 단계는 이스라엘을 완전히 흩어버리는 것입니다. 그런데 11시 59분이 되었는데도 이스라엘 백성들은 하나님께로 돌아오지 않았습니다. 그래서 하나님은 북왕국 이스라엘은 앗수르에게, 남왕국 유다는 바벨론에게 멸망당하게 하시고 이스라엘을 흩어버리셨습니다.

현재 소돔과 고모라의 심판의 시간은 11시 59분입니다. 종말의 시간이 1분 전에 이르게 된 것입니다. 임박한 종말을 앞두고 아브라함의 심정에 소돔과 고모라에 대한 연민이 불일 듯이 일었습니다. "이 일을 어쩌나… 그들이 멸망당하면 어쩌나…" 아브라함의 마음속 깊은 곳에서 말할 수 없는 탄식이 솟아올랐습니다.

아브라함은 하나님의 심판을 가로막고 나섰습니다. 대단한 변화입니다. 아브라함이 거룩한 성숙을 이룬 증거이며, 드디어 열국의 아비가 되었다는 것입니다. 그 전에는 자신의 집안의 안녕만 보장된다면 그것으로 족했습니다. 그러나 이제는 다릅니다. 자신과는 상관도 없고 이미 자신의 구원은 보장되어 있지만, 그들에게 내려질 그 무서운 심판을 어떻게든 막아야 했습니다.

그리하여 감히 하나님과의 협상을 시작한 것입니다.

"그 성 중에 의인 오십 명이 있을지라도 주께서 그 곳을 멸하시고 그 오십 의인을 위하여 용서하지 아니하시리이까. 주께서 이같이 하사 의인을 악인과 함께 죽이심은 부당하오며 의인과 악인을 같이 하심도 부당하니이다. 세상을 심판하시는 이가 정의를 행하실 것이 아니니이까"(창 18:24-25).

엄청난 말입니다. 그러나 하나님의 처사가 불가하다고 항변하고 있는 아브라함, 하나님은 분명히 그 아브라함을 흐뭇해하셨을 것입니다. '아브라함, 네가 정말 많이 성숙했구나' 하며 속으로 기뻐하셨을 것입니다.

하나님이 말씀하십니다. "내가 만일 소돔 성읍 가운데에서 의인 오십 명을 찾으면 그들을 위하여 온 지역을 용서하리라"(창 18:26).

'오십 명이라, 과연 소돔 성에 의인 오십이 있을까?' 아브라함은 마음이 놓이지 않았습니다. 그래서 말합니다. "티끌 같은 나라도 감히 주께 고하나이다."

그렇게 무릎을 꿇고 하나님과 협상하여 의인의 수를 45명으로 낮춥니다. 그러나 여전히 마음이 놓이지 않습니다. 다시 탄원을 드립니다. 30명, 20명, 마침내 열 명으로 낮춥니다.

자신을 끝없이 낮추며 자신과는 상관없는 사람들의 구원을 위하여 목숨을 걸고 의인의 수를 협상하는 아브라함이 바로 하나님이 찾고 계신 사람입니다.

66세 노인인 부사는 폐병 환자입니다. 마지막 소원은 티벳 라사로 순례를 가는 것입니다. 단순한 순례길이 아닙니다. 2,100km의 길고 험난한 길을, 그것도 추운 겨울에 오체투신五體投身으로 가는 것입니다. 오체투신은 라마 불교의 최고난도 수행법입니다. 세 걸음 가고 온 몸을 땅에 누이고 일어나 다시 세 걸음 가는 것입니다. 부사는 순례길을 준비하는 세 명의 젊은이들에게 자신의 합류를 간청하였습니다. 그래서 세 명의 젊은이는 오체투신으로 가고 부사는 그들의 생필품을 실은 손수레를 끌기로 하였습니다. 하루에 가는 길은 고작 10km 남짓, 먹는 것은 매끼 한 덩이의 보리떡과 차 한 잔, 그리고 저녁에는 라마불교 경전을 읽음으로 마감합니다. 해발 6,000m 이상의 험산준령들을 부실하기 짝이 없는 폐와 몸으로 186일 동안 그렇게 갔고, 젊은이들은 몸이 만신창이가 되어 라사에 도착하였습니다.

죽을 고비를 수없이 넘긴 노인 부사가 말합니다. "이제 죽어도 여한이 없습니다. 순례길에서 죽으면 오히려 영광입니다. 다음에는 마음 넓은 사람으로 태어나 다른 이들을 위해 기도하며 살겠습니다."

오체투신으로 간 젊은이 중 하나인 34세 라빠는 말합니다. "순례길에서 나는 어떤 사람이 되어야 하는가만 생각했습니다. 이제 다른 사람들을 위해서 마지막 삶을 바치겠습니다."

이 순례 여행 이후, 라빠와 두 젊은이는 라마승이 되기 위하여 수도원으로 갔고, 노인 부사는 고향으로 돌아갔습니다.

그들은 여호와 하나님을 모릅니다. 그래서 하나님의 선물인 몸으로 그런 고행을 하는 것입니다. 하나님은 우리들에게 그런 무모한 고행을 요구하지는 않으십니다. 그러나 하나님께 자신을 최대한 낮추며, 남을 위한 중보기도의 사람이 되기를 바라십니다.

피조물의 고대하는 바는 하나님의 아들들이 나타나는 것입니다 (롬 8:19).

8강 | 창세기 19:12-22

제발 뒤돌아보지 말아라

뒤돌아보는 일은 오직 한 때,
하나님의 약속과 말씀을 확인하고
반추할 때 해야 합니다.

The Story of
Heaven

사람들은 자신이 원하는 것을 얻기 위해 줄을 섭니다. 밤새워 서기도 합니다. 그런 줄이 세계에서 가장 길게 늘어선다는 곳이 모스크바 붉은 광장에 위치한 레닌의 묘입니다.

그곳엔 죽은 레닌이 방부 처리되어 유리관에 안치돼 있습니다. 레닌은 공산혁명을 최초로 성공시킨 혁명가인데, 그 방부 처리가 얼마나 훌륭한지, 앞으로 100년은 끄떡없다고 합니다. 2년마다 한 번씩 그 몸을 특수 용액에 담가서 특별 처리를 한다고 합니다. 사람들은 이것을 보고 대단한 일이라고 감탄합니다. 사실이 그렇습니다. 현대 과학의 진수는 화성 탐사나 유전자 발견이 아니라, 썩어질 몸을 영구히 방부 처리하는 기술이라고 합니다. 그들로부터 그 기술을 배워, 중국의 모택동이나 북한의 김일성 시신도 같은 방식으로 보관 전시하고 있습니다. 이들의 시신이 보관 전시된 장소는 성소로 추앙받고 있습니다. 그런데 이상한 것은 이들 모두 공산주의 지도자라는 사실입니다.

공산주의는 인류 역사상 처음으로 종교와 하나님을 공식적으로 부인했습니다. 종교, 특별히 기독교를 아편이라고 규정하며 추방해버렸습니다. 그런데 자신들의 죽은 지도자의 몸을 영구 보존하기 위하여 엄청난 예산과 인원을 긁어가며 동원하고 있습니다.

이들은 왜 그러는 것일까요?

이러한 현상은 하나님을 부인할 때 필연적으로 생기는 현상입니다. 눈에 보이지 않는다고 하나님을 부인하는 것은 자신의 뿌리를 부인하는 것입니다. 당연히 깊은 상실감과 공허감이 수반될 수밖에 없습니다. 이 떠도는 마음을 묶어둘 곳을 찾아야 하는데, 그곳이 바로 지도자의 죽은 몸입니다. 지도자의 시신을 눈으로 볼 수 있는 신으로 만들어 곁에 두고 위안을 받는 것입니다.

불교에서도 이와 유사한 일이 행해지고 있습니다. 바로 등신불 等身佛입니다. 고매한 스님이 앉은 채로 열반하면, 몸에 금박을 입혀 영구 보존하고 부처로 숭배합니다. 이집트의 미라도 같은 맥락입니다.

영적 무지에서 행해지는 어리석은 일의 대표적인 세 가지가 있습니다.

첫째, 죽은 것에 드리는 정성입니다. 호화 묘지 혹은 수천만 원하는 수의와 같은 것입니다. 둘째, 과시하기 위하여 드리는 정성, 곧 분수에 맞지 않게 치장하거나 호기를 부리는 것입니다. 셋째, 겉포장하기 위하여 드리는 노력, 곧 성형 수술과 같은 것입니다. 몸은 그저 흙에서 왔습니다. 그래서 용도가 다하면 흙으로 돌려보내야 합니다.

하나님을 믿는다는 것은 이 몸이 남들보다 더 오래 유지되고 건강하게 하기 위해서가 아닙니다. 영적으로 눈을 뜨기 위해서입니다. 영적으로 눈이 떴다는 것은 육체 너머의 세계, 부활의 세계를 보았다는 것입니다.

소돔과 고모라 성이 멸망할 것이니 어서 떠나라는 말을 롯의 사위들은 농담으로 여겼습니다(창 19:14). 그런데 죽은 사람의 몸을 영구 보존하기 위한 노력이야말로 최고의 농담입니다.

소돔과 고모라 심판 사건에는 네 종류의 인간 군상이 등장합니다.

첫째 무리는 하나님의 경고를 무시하고 서슴없이 악을 저지르는 사람들입니다. 둘째 무리는 하나님의 경고를 농담으로 여기는 사람들이고, 셋째 무리는 하나님의 경고를 들으면서도 자꾸 머뭇거리는 사람들이며, 마지막 무리는 하나님의 경고에도 불구하고 뒤를 돌아보는 사람들입니다.

하나님의 경고를 무시하고 거침없이 악을 저지르는 사람들은 타락의 끝이 어디인지를 보여줍니다. 성경은, 타락의 끝은 성적 타락이며 그중에서도 동성애로 규정하고 있습니다.

요즘 동성애에 대한 수많은 이야기가 있습니다. 동성애의 성향은 생래적이어서 하나님도 어쩌지 못한다는 이유로 그 정당성을 주장하고 있습니다.

하나님의 사람들이 소돔과 고모라 성에 들어섰을 때 마침 롯이 그들을 만나 간청하여 자신의 집으로 맞아들였습니다. 그런데 큰 소동이 바로 이어졌습니다. 성 사람들이 롯의 집으로 모여들어 소리치기 시작한 것입니다. "오늘 밤에 네게 온 사람들이 어디 있느냐. 이끌어내라. 우리가 그들을 상관하리라"(창 19:5).

롯은 자신의 딸들을 대신 내어주려고 했지만, 그들은 거부하고 오직 처음 보는 남자들을 요구하고 있습니다. 왜 이렇게 되었을까요?

그것은 몸으로 얻을 수 있는 쾌락을 끝간 데 없이 행하다가 그 지경에까지 이르게 된 것입니다. 마약도 같은 맥락입니다. 더 높은 강도의 쾌락을 추구하다가 마약에까지 손을 대게 된 것입니다. 이제 날이 갈수록 더 강도 높은 쾌락을 제공하는 마약이 만들어질 것입니다.

이것은 지도자의 죽은 몸을 유지하는 일과도 같은 맥락입니다. 모든 수단과 방법을 동원하여 육체로 행할 수 있는 일을 고안하고 실행하고, 그러다가 싫증이 나면 더한 일을 고안하고 실행하는 일을 반복한 결과입니다. 그래서 이들은 타락의 끝이 어디인지 보여줍니다.

동성애적 성향은 생래적인 것입니다. 그렇다고 해서 마음 가는 데로 살아야 한다는 것은 아닙니다. 돈을 싫어하는 사람은 없습니다. 그렇다고 수단과 방법을 가리지 말고 돈을 벌라는 것은 절대 아닙니다.

《상처 입은 치유자》를 쓴 헨리 나우웬도 일찍이 자신의 동성애 성향을 알았습니다. 이 천형과 같은 육체의 가시를 어떻게 하나, 그는 분명 고뇌하였을 것입니다. 그는 신부가 되어 평생 독신으로 살았습니다. 그런데 중요한 것은 그런 성향에 자신을 던져버린 것이 아니라, 자신의 욕구를 다스리고 이겨나갔다는 점입니다. 그 투쟁의 결과물들이 그가 남긴 주옥 같은 작품들입니다. 그는 마침내 하나님의 마음에 합한 사람으로 행복하게 죽었습니다.

동성애 성향이 그를 초라하게 만든 것이 아니라 더욱 고귀하고 아름답게 만든 것입니다. 육체의 가시를 평생 지녀야 했던 사도 바울이 그로 인하여 더욱 깊어지고 넓어지고 고귀해진 것과 같은 것입니다.

롯은 이들을 온 몸으로 막아섰지만 그들을 당할 재간이 없었습니다. 그러자 하나님의 사자들이 그들의 눈을 어둡게 하여 혼란에 빠지게 했습니다. 그러고는 롯에게 급박하게 말합니다. "네게 속한 자들을 다 성 밖으로 이끌어내라"(창 19:12).

이에 롯이 놀라서 식구들과 사위들에게 이 말씀을 알렸습니다. 그러나 불행히도 그들은 롯의 말을 농담으로 여겼습니다.

여기서 하나님의 말씀을 농담으로 여기는 사람들을 만납니다.

"죽은 사람이 부활한다고요? 농담하지 마십시오." 이렇게 말하는 사람들은 적극적으로 악을 행하거나 악에 가담하지는 않습니다. 세상에서 가장 흔히 만나는 사람들입니다. 그러나 삶의 진정성과 의미를 상실한 사람들입니다. 되는 대로 눈앞의 이익만을 쫓으며 살아가는 사람들입니다.

하나님의 말씀을 농담으로 여기는 사람들 중 나름대로 삶의 의미를 찾아 몸부림치는 사람도 있습니다. 실존주의 철학자 사르트르와 같은 사람입니다. 그는, 인간은 그저 우주 속에 던져진 존재

로서 출구를 알 수 없는 방에 갇혀 있다고 보았습니다. 하나님으로
부터 독립한 인간이 가장 숭고하며 자유롭다고 규정하고, 평생에
걸쳐 고고한 인간상을 추구하였습니다. 그러나 죽음을 맞이하는
과정은 수많은 추종자들을 실망시켰습니다. 죽음을 얼마나 두려워
했던지 그와 계약 결혼한 보봐리 부인을 향하여 살려달라고 아기
처럼 애원하다가 부끄럽게 죽음을 맞이하였습니다. 당연한 결과입
니다. 평생 부인하던 육체 너머의 세계에 들어가기가 얼마나 두려
웠겠습니까?

롯의 마음은 급했습니다. 그러나 무슨 미련이 남았는지 자꾸만
지체하고 있습니다. 하는 수 없이 하나님의 사람들은 롯의 두 딸과
아내 그리고 롯의 손을 이끌고 성 밖으로 끌어냈습니다. 그리고 롯
의 식구들에게 살 길을 알려주었습니다.
"도망하여 생명을 보존하라. 돌아보거나 들에 머물지 말고 산으
로 도망하여 멸망함을 면하라"(창 19:17).
그러나 롯은 또 지체하고 있습니다. "주의 종이 주께 은혜를 입
었고 주께서 큰 인자를 내게 베푸사 내 생명을 구원하시오나 내가
도망하여 산에까지 갈 수 없나이다. 두렵건대 재앙을 만나 죽을까
하나이다"(창 19:19). 산까지 너무 멀어 힘들다는 것입니다.

여기서 세 번째 무리의 사람, 곧 롯과 같은 사람을 만나게 됩니다. 그는 하나님에 대하여 알았습니다. 그러나 머뭇거리며 계속 지체하고 있습니다. 물이 넉넉하여 하나님의 동산처럼 보였던 소돔 성. 거기에 남겨두어야 하는 수많은 재물과 가축들. 못내 아쉬웠을 것입니다. 그런 롯은 훗날 딸들과 관계하는 있을 수 없는 일까지 행하고, 모압과 암몬을 낳습니다. 모압과 암몬은 대표적인 하나님의 대적자들입니다.

머뭇거리던 롯은 소돔과 고모라 성의 심판에서는 살아남았으나 나머지 인생은 얼룩졌음을 기억해야 합니다.

마지막으로 보게 될 사람은, 하나님의 경고에도 불구하고, 뒤를 돌아본 사람입니다.

하나님의 무서운 심판이 시작되었습니다. 하늘로부터 유황과 불이 비같이 쏟아졌고 소돔과 고모라 성에 속한 모든 것이 멸하여 타 버렸습니다. 그런데 뒤를 돌아보지 말라는 하나님의 경고를 무시하고 롯의 아내가 뒤를 돌아보았습니다. 그 결과 롯의 아내는 소금 기둥이 되어버리고 말았습니다.

롯의 아내는 소돔과 고모라 성을 탈출하는 은총을 얻었으나 끝내는 파멸하는 비운을 맞고 말았습니다. 은혜를 헛되이 받았습니다. 하나님의 은혜의 가치를 몰랐습니다.

주님이 친히 말씀하십니다. "손에 쟁기를 잡고 뒤를 돌아보는 자는 하나님의 나라에 합당하지 아니하니라"(눅 9:62).

뒤돌아보는 일은 오직 한 때, 하나님의 약속과 말씀을 확인하고 반추할 때 해야 합니다.

9강 | 창세기 22:7-14

아직도 가야 할 길

모리아 산으로 가는 길은
번민과 갈등의 길입니다.
그러나 모리아 산으로 오르며 하나님을
그 무엇보다 사랑하기로 결단해야 합니다.
성도라면 누구든지 그 무엇보다
하나님을 가장 사랑해야 합니다.

The Story of
Heaven

창
세
기
9
강

중국의 한 부자가 만반의 준비를 하고 초나라를 향하여 여행길에 올랐습니다. 여정 중에 경치 좋은 곳에 마차를 멈춰놓고 쉬고 있는데, 그 지방 사람이 말을 걸어왔습니다.

"어디를 가시는 중입니까?"

"네, 초나라로 가는 중입니다."

"초나라요? 초나라는 남쪽으로 가야 하는데요."

"아, 그렇습니까? 하지만 아무 걱정 없습니다. 여행 준비를 철저히 했습니다."

"그 말씀이 아니라, 초나라는 남쪽에 있다고요. 지금 북쪽으로 가고 계시니 하는 말입니다."

"걱정하실 것 없습니다. 제 마차를 끄는 말들은 아주 튼튼합니다.

굉장히 빨리 달립니다."

"지금 방향에 대해서 말씀드리고 있습니다. 남쪽으로 가셔야 한다는 말입니다."

"네, 알았습니다. 그러나 걱정하실 것 없습니다. 우리 마부는 가장 유능한 마부이니까요."

아무리 훌륭한 말과 마차, 철저한 준비와 유능한 마부가 있다고 하더라도 방향이 틀리면 목적지에는 영원히 도착할 수 없습니다. 오히려 목적지에서 점점 더 멀어질 뿐입니다.

신앙 생활에서도 이런 잘못을 흔히 발견할 수 있습니다. 주일 성수와 십일조, 기도와 말씀 생활, 교회 봉사에 몸을 아끼지 않습니다. 목사님의 말씀에도 철저히 순종합니다. 흔히 이런 사람들을 가리켜 믿음이 좋은 사람들이라고 말합니다.

그런데 믿음이 가장 좋다고 자타가 인정한 사람들이 바로 바리새인들입니다. 예수님도 바리새인들의 열심을 인정하셨습니다. "내가 너희에게 이르노니 너희 의가 서기관과 바리새인보다 더 낫지 못하면 결코 천국에 들어가지 못하리라"(마 5:20).

바리새인들이 행하는 철저한 종교 생활을 따라가기는 불가능할 정도로 어렵습니다. 이들을 따라가는 것도 어려운데 그들보다 나아야 천국에 들어갈 수 있다는 예수님의 말씀입니다. 그런데 어쩐 일인지 그 믿음 좋다는 바리새인들과 예수님은 늘 충돌하였고, 때로 예수님은 그들을 향하여 독사의 자식, 회칠한 무덤, 위선자, 소경이라고 거침없이 비판하셨습니다.

바리새인들이 그토록 참담한 비판을 받은 이유는, 그들의 철저한 종교 생활이 단지 자신의 의를 이루기 위함이었기 때문입니다. 그들의 종교적 열성은 본받을 만한 것이나 그 방향이 잘못되었습니다.

하나님이 가라 하시는 방향은 과연 어디일까요?

창세기 22장은 "그 일 후에"라는 말로 시작됩니다. "그 일"이란 당시 아브라함이 그에게 가장 골치 아픈 존재인 아비멜렉과 평화 협정을 맺은 일을 말합니다. 아비멜렉은 이스라엘 족장들에게 가장 강력한 대적자로서 언제나 훼방을 놓는 그랄 지방의 왕이었습니다. 아브라함은 그와 평화 협정을 맺음으로써 대외적인 모든 골칫거리를 제거했습니다. 하나님의 도우심으로 재산도 많이 모았습니다. 물이 귀한 그 지방에서 자신의 명의로 된 우물도 갖게 되었습니다. 무엇보다 기쁜 것은 100세 때 대를 이을 이삭을 얻었을 뿐 아니라, 그동안 가정사의 최대 문제였던 하갈과 이스마엘 문제도 결말을 지었습니다. 더 이상 바랄 것이 없는 편안하고 행복한 상태였습니다.

넓찍하고 쾌적한 새 아파트를 마련하여 이사 가듯, 아브라함은 길고 긴 방랑 생활을 마치고 자신의 명의로 된 우물이 있는 브엘세바에 정착하였습니다. 문패를 붙이듯이, 브엘세바 우물 곁에 에셀 나무를 심고 영생하시는 여호와 하나님의 이름을 부르며 경배하였습니다.

"영생하시는 하나님, 저로 하여금 본토 친척 아비 집을 떠나라 하신 이유를 이제야 알았습니다. 이 행복한 삶을 저에게 주시려고 떠나라고 하셨군요. 하나님, 감사합니다. 이제 여기서 영생하시는 하나님만을 섬기며 살겠습니다." 아브라함의 마음은 하나님을 향한 감사로 가득했습니다.

그런데 아브라함이 누리고 있는 현재의 행복이 과연 최종적인 것일까요? 만약 하나님이 주기 원하신 것이 그런 행복이었다면, 아브라함의 이야기는 여기서 끝이 나야 합니다. "그 후로 아브라함은 모든 문제를 해결받고 하나님을 섬기며 브엘세바에서 오래오래 행복하게 잘 살았습니다."

그러나 아브라함의 이야기는 그렇게 끝난 것이 아닙니다. "그 일 후에"라는 말은 아직도 가야 할 길이 남아 있다는 뜻입니다.

그렇다면 아브라함이 더 가야 할 길은 어디일까요?

하나님은 행복한 나날을 보내고 있는 아브라함을 어느 날 찾아

오셨습니다. 하나님이 "아브라함아! 아브라함아!" 하고 부르십니다. 아브라함은 지체하지 않고 "내가 여기 있나이다" 하고 대답하였습니다. 그런데 하나님이 방문하신 목적은 너무나 놀라운 것이었습니다.

"네 아들 네 사랑하는 독자 이삭을 데리고 모리아 땅으로 가서 내가 네게 일러준 한 산 거기서 그를 번제로 드리라"(창 22:2).

너무도 기가 막혀 입이 다물어지지 않을 요구입니다.

본문을 보면 아브라함은 다음날 아침 일찍 일어나 나귀에 안장을 씌우고 두 사환과 이삭을 데리고 길을 떠났다고 되어 있습니다.

성경은 아브라함의 심정에 대하여 한마디 언급도 없습니다. 과연 아브라함은 아무 생각도 없이 그저 그렇게 행했을까요? 그 전날 밤 아브라함은 과연 편안한 마음으로 잠을 이루었을까요? 그와 같은 하나님의 명령 앞에서 편안한 잠을 이룰 수 있는 사람이 과연 있을까요?

"하나님이 왜 이러실까? 이삭을 주실 때는 언제이고 이제 와서는 이삭을 제물로, 그것도 태워서 바치라니…." 이런 생각이 가장 먼저 들었을 것입니다. "왜 하필 이삭을 바치라는 것일까? 소나 양을 바치라면 얼마든지 바칠 수 있는데. 그보다 더한 것도 얼마든지 바칠 수 있는데." 이런 생각도 들었을 것입니다. 그렇게 오만 가지 생각을 하며 그 밤을 하얗게 지새웠을 것입니다.

아침 해가 떠오르자 아브라함은 "그래, 어떻든 떠나보자"라고 생각하며 길을 떠났을 것입니다. 하나님이 지시하신 산은 모리아 땅에 있는 산이며, 그 산에 이르기까지는 3일 밤낮이 걸렸습니다. 이 3일 밤낮 동안 아브라함의 복잡하던 생각들이 하나로 모아졌습니다. "하나님이냐 이삭이냐." 이것은 아브라함의 최후의 선택입니다. 이보다 더 중요한 선택은 있을 수 없습니다. 하나님이 아브라함에게 그런 시험을 하신 것은 바로 아브라함으로 하여금 그 선택의 기로에 서기를 원해서입니다.

시험에는 세 가지가 있습니다.

첫째, 하나님이 친히 행하시는 시험입니다. 영어로는 Test라고 합니다. 테스트의 목적은 내 실력이 얼마나 되는지, 내가 무엇이 부족한지, 무엇이 더 중요한지 알아보기 위해서입니다. 그러므로 하나님의 시험은 무조건 통과해야 합니다.

둘째, 사탄의 시험입니다. 영어로는 Temptation, 곧 유혹입니다. 이 사탄의 시험은 에덴 동산의 아담과 하와, 심지어는 예수님도 받아야 했습니다. 사탄의 시험에는 열외가 없습니다. 그런데 아담과 하와는 사탄의 시험을 통과했고 예수님은 그 시험을 단호히 거절하셨습니다. 그 결과 아담과 하와는 타락했고 예수님은 구원자가 되셨습니다. 따라서 사탄의 시험은 무조건 단호히 거부해야 합니다.

셋째는 사람의 시험입니다. 영어로는 Doubt라고 합니다.

"그들이 여호와를 시험하여 이르기를 여호와께서 우리 중에 계신가 안 계신가 하였음이더라"(출 17:7). 이스라엘 백성들은 광야에서 하나님을, 바리새인과 율법사들은 예수님을 시험하였습니다. 이 시험은 하나님을 믿지 못하고 의심한 데서 기인합니다.

그 어떤 경우에도 인간이 하나님을 시험할 수는 없습니다. 하나님은 결코 시험과 의심의 대상이 아닙니다. '하나님은 과연 어떤 분인가?'와 같은 긍정적인 질문은 얼마든지 할 수 있습니다. 그러나 하나님의 존재에 대한 의심은 곧 불신앙입니다. 그러므로 이와 같은 인간의 시험은 무조건 잘라내야 합니다.

아브라함은 3일 밤낮의 길고 긴 번민과 갈등을 이기고 마침내 결단하였습니다. 이삭을 포기하고 하나님을 선택하기로.

아브라함은 하나님께 이삭을 바칠 것을 결심하고 찢어지는 가슴을 안고 이삭을 묶고는 재단 위에 올려놓았습니다. 그리고 눈을 감았습니다. 아마도 흐르는 눈물을 주체할 수 없었을 것입니다. "눈에 넣어도 아프지 않을 이삭을 내 손으로 죽여야 하다니." 그런 명령을 하신 하나님이 야속했을 것입니다. 그러나 아브라함에겐 하나님이 가장 소중한 분이므로 그는 그분의 명령에 순종키로 했습니다. 마음을 가다듬고 날카로운 칼을 들었습니다. 그리고 사랑하는 아들 이삭의 가슴을 찌르려는 순간 하늘로부터 다급한 음성이 들립니다.

"아브라함아, 아브라함아."

"내가 여기 있나이다."

하나님이 말씀하십니다. "그 아이에게 네 손을 대지 말라. 그에게 아무 일도 하지 말라. 네가 네 아들 네 독자까지도 내게 아끼지 아니하였으니 내가 이제야 네가 하나님을 경외하는 줄을 아노라"(창 22:12).

이삭을 바친 행위는 바로 아브라함의 신앙 고백입니다.

"하나님, 제가 모리아 산을 오르며 내내 생각하였습니다. 하나님을 피할 수 없다는 것을 누구보다 잘 알지만 차라리 이삭의 손을 잡고 되돌아가고 싶었습니다. 그래서 하나님의 손에 저와 제 아들, 둘 다 죽는 것이 낫다고 생각하였습니다. 그러나 나를 사랑한 하나님을 더욱 사랑하기로 결단하였습니다." 아브라함은 아들 이삭보다 하나님을 더 사랑하기로 한 것입니다.

정신이 번쩍 든 아브라함이 눈을 들어보니 수풀에 뿔이 걸려 꼼짝 못하는 수양이 있었습니다. 아브라함은 그 양으로 하나님께 제사를 드렸습니다. 그리고 그 땅 이름을 '여호와 이레'라고 지었습니다. 그 뜻은 "여호와의 산에서 준비되리라"는 뜻입니다.

왜 하나님은 이와 같은 시험을 행하신 것일까요?

아브라함을 영적인 빛으로, 궁극적인 은혜의 자리로 인도하시기 위해서입니다.

아브라함은 가장 고통스러운 이 시험을 통과하여 오히려 굳건한 반석 위에 섰습니다. 혼자만 선 것이 아닙니다. 전 과정을 함께 경험한 이삭과 함께 섰습니다. 시험은 걸림돌이 아니라 오히려 모든 사람을 살리는 굳건한 반석입니다. 이삭을 바치라는 명령에 순종했을 때, 아브라함은 오히려 사랑하는 이삭과 더불어 은혜의 동산에 오를 수 있었습니다.

모리아 산으로 가는 길은 번민과 갈등의 길입니다. 그러나 모리아 산으로 오르며 하나님을 그 무엇보다 사랑하기로 결단해야 합니다. 우리는 흔히 아브라함같이 훌륭한 사람이나 하나님을 가장 사랑할 수 있다고 생각합니다. 그러나 그것은 틀린 생각입니다. 성도라면 누구든지 그 무엇보다 하나님을 가장 사랑해야 합니다.

긴 시간과 헌신에도 불구하고 여전히 방황하는 이유, 그것은 하나님보다 더 사랑하는 것들이 너무 많기 때문입니다.

비록 철저한 준비를 하지 못했고 좋은 말과 마부가 없더라도 방향만 제대로 잡으면 언젠가는 반드시 초나라에 당도합니다. 그처럼 주님을 가장 사랑하는 사람은, 부족하고 부실하다 하여도, 때로 넘어지고 쓰러진다 하여도, 언젠가는 하나님 나라에 당도합니다.

　본토 친척 아비 집을 떠나 하나님이 가라 하신 최종 장소는 바로 '모리아 산 정상' 이었던 것입니다.

　모리아 산은 하나님을 가장 사랑하는 사람만이 오를 수 있습니다.

　그 모리아 산은 우리 주 예수 그리스도의 품 안입니다.

'따로' 그리고 '함께'

비록 인간은 연약하고
한계가 있는 존재이지만,
하나님의 전권을 맡은 청지기들입니다.
또한 하나님과 생각이 같아야 합니다.
그래야 행복해집니다.
그래야 제대로 살 수 있습니다.

The Story of
Heaven

브리태니와 에비게일은 '헨젤 쌍둥이'입니다. 머리는 두 개이지만 두 다리가 있는 한 몸을 함께 사용합니다. 허리 위로는 머리와 목, 그리고 심장과 위와 척추를 따로 가진 두 사람이 하체는 보통 사람과 같은 몸을 가지고 있습니다.

에비게일은 오른쪽을 통제하고 브리태니는 왼쪽을 통제합니다. 그들의 신경 조직은 분리되어 있어서 에비게일을 간질여도 브리태니는 느끼지 못합니다. 이 소녀들은 개별적으로 허기를 경험하고 소변을 보고 잠을 자고 맛을 느낍니다. 희노애락의 감정도 각각 따로 느낍니다. 과연 에비게일과 브리태니의 삶은 행복할까요, 불행할까요?

에비게일이 깊이 잠들었는데 브리태니는 소변을 보고 싶습니다.

에비게일이 얼마나 귀찮을까요? 자기 몸을 자기가 통제할 수 있는 사람들도 함께 살 때 티격태격 싸움과 갈등이 끊이질 않는데, 이 소녀들의 경우는 상상만 해도 힘이 들 것 같습니다.

어느 날 아브라함은 청지기 엘리에셀을 불렀습니다. 그러고는 자신의 환도뼈 밑에 손을 집어넣게 하고 맹세를 시켰습니다. 이는 고대 관습으로, 남자들 간에 행하던 가장 친밀하고 견고한 언약식입니다.

"하늘의 하나님 여호와께서 나를 내 아버지의 집과 내 고향 땅에서 떠나게 하시고 내게 말씀하시며 내게 맹세하여 이르시기를 이 땅을 네 씨에게 주리라 하셨으니 그가 그 사자를 너보다 앞서 보내실지라 네가 거기서 내 아들을 위하여 아내를 택할지니라"(창 24:7).

100세 때 얻은 아들 이삭을 위한 배필을 구해오라는 것입니다. 그리고 두 가지 원칙을 제시합니다. 첫째는 가나안 여인 중에서는 선택하지 말라는 것입니다. 가인과 이스마엘은 자신들이 원하는 여인들과 결혼하였습니다. 그리고 제 갈 길로 감으로써 그들은 하나님의 사람의 반열에서 이탈하였습니다. 둘째는 이삭의 배우자를 고향과 친척에게서 택하라는 것입니다. 이런 조치는 단순히 혈통을 유지하기 위한 차원이 아닙니다. 그것은 신앙의 순수성을 지키기 위한 것입니다. 셋째는 이삭을 그곳으로 데리고 가지 말라는 것입니다. 현재 이 땅이 하나님의 언약이 실현되는 곳이기 때문입니다.

한마디로 말하면, 인생의 최고 목표를 하나님 언약의 실현으로 삼으라는 말입니다. 삶 전체에 적용할 원칙입니다. 이 원칙을 적용하며 살아갈 때 나를 통하여 하나님의 순수한 신앙이 보존되며 나를 통하여 하나님의 언약이 실현됩니다.

로리 베스 존스Laurie Beth Jones가 쓴《최고 경영자 예수Jesus CEO》라는 책에 이런 구절이 있습니다. "예수님은 고상한 것들을 구하셨다."

하나님은 모든 하나님의 사람들에게 "네가 무엇을 원하든지 너에게 주겠다"고 약속하셨습니다. 그때 참 하나님의 사람들은 하나님께 고귀한 것을 구하였습니다.

아브라함은 "주께 순종하도록 도와주십시오"라고,

모세는 "주의 백성들을 구하도록 도와주십시오"라고,

다윗은 "우리 백성을 위협하는 저 골리앗을 쓰러뜨리도록 도와주십시오"라고,

솔로몬은 "주의 백성을 잘 통치할 수 있는 지혜를 주십시오"라고,

이사야는 "주의 말씀을 전할 수 있도록 정결한 입술을 주십시오"라고,

베드로는 "주의 양들을 먹일 수 있도록 도와주십시오"라고 하나

님께 부탁하였습니다.

십자가 죽음을 앞둔 우리 주님의 마지막 기도는, "아버지여 때가 이르렀사오니 아들을 영화롭게 하사 아들로 아버지를 영화롭게 하게 하옵소서"(요 17:1)였습니다.

결혼뿐만 아니라 삶 전체에서, 성도는 언제나 고귀한 것, 하늘의 것을 추구하며 사는 존재입니다. 다시는 땅으로 내려가지 마십시오!

주인 아브라함의 명령을 받은 청지기 엘리에셀은 홀로 먼 길을 떠납니다. 목적지는 아브라함의 고향 하란. 그가 길을 떠나며 가장 먼저 한 일은 하나님께 기도하는 것이었습니다.

"우리 주인 아브라함의 하나님 여호와여 원하건대 오늘 나에게 순조롭게 만나게 하사 내 주인 아브라함에게 은혜를 베푸시옵소서"(창 24:12).

자신을 주인과 동일시하고 있다는 것입니다. 하나님이 자신을 도와주는 것을 곧 주인 아브라함에게 은혜를 베푸시는 것으로 여깁니다. 이것이 청지기의 자세입니다.

성경에는 청지기가 자주 등장합니다. 청지기는 대단히 독특한 존재입니다. 청지기는 종들 가운데서 선발합니다. 일단 선발되면 청지기는 주인의 전권을 행사합니다. 아들이 없는 경우, 아내가 아닌 청지기가 상속자가 될 정도로 청지기는 막강한 권한을 가집니다.

청지기에 관한 일화가 있습니다. 외아들은 멀리 타지에 나가 있고, 아버지는 죽게 되었습니다. 아버지는 청지기에게 모든 재산을 상속하고 편지 한 장만 남기고 죽었습니다. 마지막 유언은 아들에게 이 편지를 전해달라는 것이었습니다. 엄청난 재산을 상속받은 청지기는 신이 나서 한걸음에 과거 주인의 아들에게 달려갔습니다. 그리고 편지를 전해주었습니다. 아들은 편지를 읽으며 빙그레 웃었습니다. 그 편지에는 이런 말이 적혀 있었습니다. "사랑하는 내 아들아, 너에게 단 한 가지를 소유할 권한을 주노라." 아들은 청지기에게 말했습니다. "나는 너를 갖겠다." 청지기는 주인의 권한을 가졌으나 종입니다.

그렇게 기도하고 길을 떠난 청지기는 아브라함의 고향 한 우물 곁에 당도하였습니다. 그리고 하나님께 재미있는 제안을 합니다. 물 길러오는 소녀들에게 물을 청하고 그 소녀의 대답이 "마시라. 내가 당신의 약대에게도 마시우리라"면, 바로 그 소녀를 이삭의 배필로 정하신 것으로 알겠다는 것입니다.

언뜻 들으면 하나님과 흥정하는 것처럼 보입니다. 이와 유사한 일들이 성도들 사이에서 종종 행해집니다. 어떤 것을 정해놓고는 이것이 이루어지면 하나님의 뜻으로 알겠다고 말합니다. 하나님의 뜻을 알겠다고 징조를 구하기도 합니다. 마치 아침 출근길에 상여를 보면 일이 잘 풀릴 것이라 믿는 것과 같습니다. 그런데 미신과 기독교는 절대로 아무런 상관이 없습니다.

요즘 한국 교회 안에 이상한 풍조들이 들어와 있는 것을 보고 무척 속이 상합니다. 소위 '기도하는 사람들'이 눈에 보이지 않게 활동하고 있습니다. 사람들은 마치 점집에 가서 점쟁이에게 앞날을 묻듯이 이들에게 묻습니다. 그러고는 감사 헌금이라는 명목으로 복채를 바칩니다. 절대로 안 됩니다. 겉은 기독교이나 속은 무속 신앙인 행위입니다. 하나님 사랑보다는 자신의 안녕과 부귀영화에만 관심이 있기에 이러한 일들이 일어납니다.

아브라함의 청지기는 그런 뜻으로 한 제안이 아닙니다. 여기에는 깊은 뜻이 담겨 있습니다. 하나님의 징조가 아니라 그 소녀의 중심을 구한 것입니다. 청하는 사람에게 그저 물 한 그릇 쓱 내미는 것이 아니라, 나그네와 그 짐승까지도 배려하는 마음을 보자 한 것입니다.

하나님의 통찰력을 배우십시오. 하나님의 통찰력을 보지 못하고, 그저 징조만을 구할 때, 기독교는 천박한 미신으로 전락해버립니다.

과연 리브가는 하나님이 예비하신 이삭의 신부였습니다. 리브가는 청지기의 부탁에 즉시 대답합니다. "내 주여, 마시소서."

"급히 그 물동이를 손에 내려 마시게 하고, 마시게 하기를 다하고 이르되 당신의 낙타를 위하여서도 물을 길어 그것들도 배불리 마시게 하리이다 하고, 급히 물동이의 물을 구유에 붓고 다시 길으려고 우물로 달려가서 모든 낙타를 위하여 긷는지라"(창 24:18-20). 리브가의 행동을 설명하면서 '급히'라는 말을 덧붙이고 있습니다.

이러한 리브가의 재빠른 몸놀림은 목마른 나그네를 위한 깊은 배려에서 나온 것입니다. 아브라함의 청지기는 리브가의 그 잽싼 몸놀림을 흐뭇하게 바라보면서 하나님께 감사의 기도를 합니다.

"나의 주인 아브라함의 하나님 여호와를 찬송하니이다"(창 24:27).

'생존치'라는 것이 있습니다. 영어로 'Survival Value'라고 하는데, 이 생존치가 높은 사람은 어떤 상황에서도 살아남습니다. 그러나 생존치가 낮은 사람은 작은 실패에도 주저앉습니다. 왕따를 당했다고 살기를 포기하는 사람은 생존치가 제로에 가깝다고 할 수 있습니다. 사망의 음침한 골짜기에서 살아남은 다윗이나 그 어린 나이에 시작한 노예 생활과 참혹한 감옥 생활에서도 살아남아 위대한 하나님의 사람이 되었던 요셉은 생존치가 대단히 높은 사람들입니다.

생존치를 높이기 위해서 꼭 찾아야 할 두 가지가 있습니다.

첫째, '사랑하는 대상'입니다. 목숨을 걸고 사랑할 대상을 만나야 합니다. 이 사랑하는 대상이 견고하면 할수록 또 고귀하면 할수록 생존치는 높아집니다. 사람을 사랑해도 생존치가 높아집니다. 그런데 가장 고귀하신 하나님을 사랑하는 사람의 생존치는 최고에 달합니다.

예수님이 육신을 입고 이 땅에 오신 목적은, 자신을 사랑의 대상으로 내어주기 위해서입니다. 나아가 사랑하는 방법을 가르치기 위해서입니다.

둘째, '목숨을 걸 만한 사명'입니다. 평생을 걸고 추구해야 하는 사명을 찾아내야 합니다. 사명이 고귀할수록 생존치는 비례하여 높아집니다. 작고한 SK그룹의 최종현 회장이 이런 말을 했습니다. "돈을 위하여 사업하는 사람은 그가 아무리 큰 회사를 운영한다고 하여도 장사치에 불과합니다. 그러나 더 큰 목표, 애국이나 이웃에 대한 봉사, 사회 개혁을 위하여 일하는 사람이야말로 진정한 기업가입니다." 눈에 보이는 애국애족도 그 사람의 삶의 차원을 높이는데, 하물며 하나님의 영광을 위하여 사는 사람은 가장 위대한 삶을 살지 않겠습니까?

당신은 당신 스스로를 누구라고 생각하십니까?

"나는 대범한 사람입니다." 성격으로 설명한 것입니다.

"나는 뚱뚱한 사람입니다." 외모로 설명한 것입니다.

"나는 부자입니다." 가진 재산으로 설명한 것입니다.

"나는 아버지입니다." 관계로 설명한 것입니다.

"나는 장관입니다." 지위로 설명한 것입니다.

"나는 선생님입니다." 직업으로 설명한 것입니다.

그런데 우리는 가장 중요한 것을 언제나 간과합니다. 내게 주어진 사명으로 나 자신을 설명하는 것 말입니다.

청지기는 자신에게 주어진 사명으로 설명한 용어입니다. 청지기는 아브라함의 명령을 받은 엘리에셀처럼 오직 맡은 사명을 위해 그 먼 길을 갑니다. 하나님의 생각과 아브라함의 생각과 엘리에셀의 생각은 같습니다.

헨젤 쌍둥이 에비게일과 브리태니는 어떻게 살고 있을까요? 다행히 너무도 행복하게 잘 살고 있습니다. 자전거도 타고 수영도 합니다. 보통 사람들이 상상할 수 없는 팀워크의 기적을 보여주고 있습니다. 개성의 참된 의미와 협력과 조화에서 오는 제한 없는 능력을 보여주며 살고 있습니다.

'따로' 그리고 '함께' 입니다.

하나님은 천지만물을 창조하시고, 하나님의 형상으로 인간을 지으셨습니다. 그리고 모든 것을 인간의 손에 맡기셨습니다. 비록 인간은 연약하고 한계가 있는 존재이지만, 하나님의 전권을 맡은 청지기들입니다.

　하나님은 절대로 인간을 골탕먹이거나 힘들게 하기 위해서 그렇게 하신 것이 아닙니다. 제대로 행복하게 살기 위해서는 먼저 하나님의 생각을 바로 이해하고, 그에 따라 살아야 합니다. 하나님과 생각이 같아야 합니다. 그래야 행복해집니다. 그래야 제대로 살 수 있습니다.

　하나님과 아브라함, 아브라함과 엘리에셀, 하나님과 우리는, '따로' 그리고 '함께' 입니다.

11강 | 창세기 25:5-11

하나님의 예정이 뭐예요?

나는 멸망할 수밖에 없는 존재였습니다.
셀 수 없이 많은 실패와 좌절이 있었습니다.
그런데 되돌아보니 그 실패와 좌절을 통해
오직 하나님만을 의뢰하는 법을 가르치셨으며,
그 시련을 통해 내 그릇을 더 크게 하셨음을
비로소 알게 됩니다.

The Story of
Heaven

아브라함의 자녀는 몇 명일까요?

흔히 이스마엘과 이삭, 둘로 알고 있습니다. 그런데 정답은 모두 여덟 명입니다. 사라가 죽은 다음 아브라함이 '그두라'라는 여인을 두 번째 아내로 맞이하여 여섯 자녀를 낳았기 때문입니다.

"아브라함이 후처를 맞이하였으니 그의 이름은 그두라라. 그가 시므란과 욕산과 므단과 미디안과 이스박과 수아를 낳고"(창 25:1-2).

이 여섯 자녀들 중에 관심을 끄는 두 아들이 있습니다. 욕산과 미디안입니다. 이들은 이스라엘 역사에서 그 행위의 선악을 불문하고 중요한 역할을 담당합니다. 욕산은 앗수르 족속의 조상이 되는데, 앗수르는 이스라엘이 남북왕국으로 나뉜 다음 북왕국 이스라엘을 정복한 포악한 나라였습니다. 하나님은 이 앗수르를 사용하여 이스라엘의 죄악을 심판하셨습니다.

미디안은 더욱 중요한 역할을 합니다. 이집트 사람을 죽이고 광야로 도망한 마흔 살의 모세가 숨어든 곳이 바로 미디안 광야였으며, 미디안의 제사장 이드로는 모세의 장인이 되었습니다. 그런데 이드로는 모세가 위대한 이스라엘의 지도자가 되기까지 여러 가지 결정적으로 중요한 역할을 합니다.

성서학자들은 모세에게 여호와 하나님을 가르친 사람을 미디안 제사장이자 모세의 장인인 이드로로 보고 있습니다. 모세에게 하나님은 처음으로 '야훼'라는 하나님의 거룩한 이름을 가르쳐주셨는데, 이 여호와 신앙을 전수해준 사람이 바로 이드로라는 것입니다. 아브라함으로부터 전수받은 하나님 신앙을 미디안 족속이 보존하였다가 500여 년이 흐른 다음 모세에게 전수한 것이라 할 수 있습니다.

몇 해 전, 아프리카 최대의 섬인 마다가스카르 섬 건너편 아프리카 대륙의 한 오지에서 고대 유대교를 믿는 부족이 발견되었습니다. 원래 유대교의 상당 부분을 원형 그대로 유지하고 있어서 고대 유대교 연구에 많은 도움이 되고 있다고 합니다.

이렇듯 아브라함의 아들, 미디안의 후손 이드로는 모세에게 아브라함의 신앙을 보존하여 전수해준 것입니다.

사람들은 모든 일들이 우연히, 또는 사람들의 힘에 의해서 이루어진다고 생각합니다. 그러나 역사 전체는 보이지 않는 하나님의 손길로 진행되고 있습니다. 이런 것들을 통칭하여 '하나님의 예정'이라고 말합니다.

하나님의 예정의 출발점은 하나님의 '주권적인 선택'입니다. 멸망과 구원은 하나님이 정하신 것이며 이 하나님의 예정은 누구도 변경할 수 없다는 것입니다.

그렇다면 의문이 생깁니다.

사람들의 멸망과 구원이 예정되어 있다면 너무 불공평한 처사가 아닐까요? 또 하나 중요한 의문이 있습니다. 그렇다면 나는 택함을 받을 것일까요, 아니면 버림을 받은 것일까요?

흔히 세례를 받고 교회를 다니면 택함을 받고 구원을 받았다고 생각합니다. 그러나 이것은 너무 단순한 생각입니다. 신실한 신앙인으로 자타가 공인했던 사람들 중에 신앙을 버린 사람들이 참 많습니다. 극단적인 예로, 구세주를 자처하는 이단 교주가 된 사람들도 있습니다. 박태선 씨나 문선명 씨가 그 대표적인 사례입니다. 이들도 한때는 그리스도인이었습니다. 그러나 지금은 적그리스도가 되었습니다.

주님은 마지막 때에 일어날 여러 현상 중 하나가 '배교'라고 가르쳐주셨습니다. 말세가 오면 신앙을 버리고 예수님을 배반하는 사람들이 많아질 것이라고 친히 말씀하셨습니다. 그러므로 현재 내가 교회에 소속되어 신앙 생활을 한다는 것이 택함받은 증거가 아닐 수도 있습니다. 모든 그리스도인들에게 배교의 가능성이 있다는 말입니다.

또 정반대의 경우도 있습니다. 누가 봐도 그 사람은 결코 선택받은 사람이 아닙니다. 흉악한 일만 도맡아 했습니다. 그러다가 뒤늦게 주님 앞으로 돌아온 사람들도 많이 있습니다.

주님 옆의 십자가에 달린 강도는 평생을 악한 짓만 골라서 한 사람입니다. 그래서 가장 혹독한 십자가형을 선고받았습니다. 그런데 숨을 거두기 직전에 주님께 "당신의 나라가 임할 때 나를 기억하소서"라고 말합니다. 그는 누가 봐도 버림받을 것이 확실한 사람이었습니다. 그러나 그는 가장 극적인 하나님의 택함을 받았습니다.

그렇다면 하나님의 예정이 의미하는 바가 과연 무엇일까요?

첫째, 하나님의 예정은 '신비'입니다. 하나님의 예정은 그 누구도 알 수 없습니다.

"하나님이 하시는 일의 시종을 사람으로 측량할 수 없게 하셨도다. … 하나님께서 행하시는 모든 것은 영원히 있을 것이라. 그 위에 더할 수도 없고 그것에서 덜할 수도 없나니 하나님이 이같이 행하심은 사람들이 그의 앞에서 경외하게 하려 하심인 줄을 내가 알았도다"(전 3:11-14).

하나님의 예정은 결코 불공평한 처사가 아닙니다. 하나님의 절대적인 주권의 행사로서 그 목적은 모든 사람들이 "하나님을 경외"하도록 하는 데 있습니다. 따라서 하나님의 예정을 말할 때 요구되는 것은, 하나님께 대한 절대적인 경외감과 절대 복종의 겸손한 마음, 두 가지입니다.

둘째, 하나님의 편에서는 인간이 선택받은 자와 멸망당한 자로 나뉘지만, 사람 편에서는 하나님의 은혜를 겸손히 수용한 사람과 계속해서 거부하는 자로 나뉩니다.

하나님은 세상과 사람을 모두 선하게 창조하셨습니다. 그 모든 것을 만드신 다음 흡족해하셨습니다. 그리고 인간들에게 '자유의지'라는 특별 선물을 주셨습니다. 이 자유의지는 하나님의 사명을 수행하는 데 사용하라고 주신 것입니다. 자유의지를 잘 사용하면 자유롭게, 다양하게, 창의적으로, 풍성하게, 아름답고 깔끔하게 맡은 일을 행할 수 있습니다.

그런데 인간들은 이 자유의지를 잘못 사용하고 말았습니다. 사탄의 유혹에 빠져, 하나님을 대적하고 하나님의 계획을 훼방하는 데 이것을 써버렸습니다. 아담의 타락 이래로 모든 사람들이 다 어둠 속으로 들어가서 사탄의 하수로 전락해버린 것입니다. 여기에는 예외가 없습니다.

사람을 그대로 놔두면 모두 멸망하게 되어 있습니다. 그런데 하나님은 그 사랑하는 사람들의 멸망을 그대로 방치하실 수 없었습니다. 그들을 구원하기 위하여 계속해서 사람들을 부르셨습니다. 하나님의 말씀을 들은 사람이 바로 노아이며 아브라함이며 이삭입니다. 나머지 사람들은 하나님의 말씀을 거부했습니다. 그래서 하나님은 자신의 선지자들로 하여금 하나님의 말씀을 전하게 하셨습니다. 그러나 사람들은 선지자의 말을 거부했습니다. 종국에는 하나님이 친히 육신을 입고 오셨는데, 바로 예수 그리스도이십니다. 하지만 사람들은 예수님마저 죽여버렸습니다.

이 하나님의 말씀과 예수 그리스도의 십자가 앞에서, 모든 사람들은 정확하게 두 부류로 분류됩니다. 겸손히 수용하는 사람과 거부하는 사람입니다.

그런데 "왜 저는 구원을 받고 저 사람들은 구원받지 못합니까? 너무 불공평한 처사입니다"라고 항변할 수 없습니다. 원래는 나를 포함한 모든 사람들이 멸망당해야 마땅한데, 내가 구원을 받았기 때문입니다. 그러므로 하나님의 예정 앞에서는 오직 '감사'만 있을 뿐입니다.

하나님의 예정론은 '신앙 고백적 예정론'입니다.

구원받고 되돌아보니, 이 모든 것이 하나님의 계획에 의한 것임을 알게 되는 것입니다. 나는 멸망할 수밖에 없는 존재였습니다. 셀 수 없이 많은 실패와 좌절이 있었습니다. "과연 하나님은 살아계신가?" 수도 없이 의심하고 항변했습니다. "왜 내게 이런 일이 생기는 걸까? 왜 앞길을 막으시는 건가?" 밤잠을 이루지 못했습니다. 아픔을 견딜 수가 없었습니다. 그런데 되돌아보니 그 사건들과 사람들을 사용하여 내 진로를 변경하셨고, 그 실패와 좌절을 통해 오직 하나님만을 의뢰하는 법을 가르치셨으며, 그 시련을 통해 내 그릇을 더 크게 하셨음을 비로소 알게 됩니다. 이것이 바로 신앙 고백적 예정론입니다.

넷째, 하나님의 예정론은 운명론과는 전혀 관계가 없습니다.

자신이 멸망당하기로 이미 결정되어 있다는 것을 아는 사람은 아무도 없습니다. 비록 현재는 멸망으로 가고 있다 하더라도 하나님 말씀 앞에서 돌아서는 사람들은 구원에 이릅니다.

미국에서 열여덟 명의 범죄자를 대상으로 실험을 했습니다. 이 대상은 모두 중범죄자들로서 하나같이 불행한 가정에서 태어났고 마음에 깊은 상처들을 가지고 있었습니다. 조사 결과 수학修學 능력을 갖춘 사람은 아무도 없었습니다. 모두 문맹이거나 문맹에 가까운 사람들이었습니다. "여러분은 지금까지 어리석음과 비열함과 연약함을 행할 자유를 마음껏 행사하며 살았습니다. 그러나 지금 이 순간 자신을 넘어 성장할 책임을 직시하시기를 간절히 바랍니다. 이제 불의와 맞서 싸울 책임을 행하십시오. 아무도 여러분들을 그냥 이 모습대로 살라고 하지 않습니다. 그럴 권리가 있는 사람은 아무도 없습니다." 이런 취지 아래서 그들에게 의미요법을 사용하여 각자의 삶의 의미를 찾도록 열심히 도와주었습니다.

물론 대단히 길고 어려운 과정이었으나 원래 모습 그대로 그냥 주저앉은 사람은 오직 한 사람뿐이었으며, 나머지 열일곱 명의 죄수들은 그 질긴 운명의 닻을 끊어내고 위대한 탈출을 이루어냈습니다. 문맹이었던 어떤 사람은 박사학위까지 취득하여 매사추세츠 대학의 교수로 재직 중입니다. 어떤 사람은 워싱턴 연방 정부 교육부의 국장으로 일하고 있습니다.

아브라함은 자신의 생애를 정리하면서 이삭에게 모든 소유를 상속했습니다. 그리고 나머지 자녀들에게도 각각 재물을 주어 이삭으로부터 멀리 떨어져 살게 했습니다. 언뜻 보면 이삭만 편애하는 것처럼 보입니다. 그러나 그런 것이 아닙니다. 이삭은 아브라함에게 타오르기 시작한 믿음의 불씨를 이어받은 유일한 존재입니다. 사나운 바람이 휘몰아치는 세상에 홀로 밝혀진 촛불과 같은 존재입니다. 그러므로 특단의 보호가 필요합니다. 그 불이 꺼질 새라 아브라함은 이삭을 특별히 보호하고 있습니다. 이것은 하나님의 계획을 실현하려는 강력한 아브라함의 의지의 소산입니다. 그 일을 마친 다음 아브라함은 175세의 생애를 마감하고 하나님 품으로 돌아갔습니다. 하나님의 말씀을 듣고 본토 친척 아비 집을 떠난 지 실로 100년 만의 일입니다.

하나님의 예정은 어떤 이들에게는 저주요, 어떤 이들에게는 축복인 것이 아닙니다. 이것은 그저 겉으로 그렇게 보일 뿐입니다.

하나님의 예정론은, 무기력과 유혹에 노출되어 있는 모든 사람에게 선한 동기를 부여하여 끝없이 분발하게 하는, '하나님의 신비한 능력'입니다.

사도 바울은 이렇게 말합니다. "곧 창세 전에 그리스도 안에서 우리를 택하사 우리로 사랑 안에서 그 앞에 거룩하고 흠이 없게 하시려고 그 기쁘신 뜻대로 우리를 예정하사 예수 그리스도로 말미암아 자기의 아들들이 되게 하셨으니 이는 그가 사랑하시는 자 안에서 우리에게 거저 주시는 바 그의 은혜의 영광을 찬송하게 하려는 것이라"(엡 1:4-6).

하나님의 말씀에 어떻게 반응하십니까? 여전히 거부하십니까? 아니면 동의하십니까? 믿음은 동의입니다. 어떤 상황에서도 하나님의 말씀에 동의하는 것입니다. 하나님은 그런 사람을 마침내 하나님의 은혜를 찬미하는 자녀로 살게 하십니다.

3

하나님과 겨루는 자

"야곱은 홀로 남았더니 어떤 사람이 날이 새도록 야곱과 씨름하다가 자기가 야곱을 이기지 못함을 보고 그가 야곱의 허벅지 관절을 치매 야곱의 허벅지 관절이 그 사람과 씨름할 때에 어긋났더라"(창 32:24-25).

12강 | 창세기 25:27-34

경박한 에서

우리의 내면 깊은 곳을 들여다보십시오.
그 속에는 참을 수 없는 경박성과
잔인한 악마성이 도사리고 있습니다.
한편 우리 속에는 하나님을 알고 싶고
예수님을 사랑하고 싶은 열정과 영원에 대한
간절한 소망도 함께 있습니다.

The Story of
Heaven

일란성 쌍둥이로 태어난 자매가 있었습니다. 아기 때 부모는 모두 죽었고 각자 다른 가정에 입양되었습니다. 한 가정은 부유하고 부부와 가족간의 사랑도 넘치는 그리스도인 가정이었습니다. 아이는 그곳에서 사랑을 듬뿍 받았고, 좋은 환경에서 좋은 교육을 받으며 행복하게 성장했습니다. 반면 다른 가정은 엉망이었습니다. 부부 사이는 좋지 않았고, 가장은 실직하여 늘 술을 입에 달고 살았고, 아이는 의붓아버지와 오빠에게 성폭행까지 당했습니다. 아이는 여러 가정을 전전하며 불행한 삶을 살았습니다. 이 쌍둥이는 훗날 만나 함께 살게 되었습니다. 그런데 두 사람 중 한 사람이 문제가 많아서 정신과 치료를 받아야 했습니다.

누가 정신과 치료를 받았을까요? 양가집 규수로 행복하게 자란 아이였습니다. 놀랍지 않습니까? 이 이야기는, 의미요법을 창안한 빅터 프랭클 박사의 책에 수록된 것입니다.

부모들은 자녀들에게 좋은 환경과 조건, 그리고 좋은 교육을 제공하려고 애를 씁니다. 할 수만 있다면 자녀들이 어려움과 고생을 겪지 않게 하려고 수고합니다. 자기 자녀에게 그런 것들을 제공하지 못하면 죄책감까지 느낍니다. 자녀가 문제가 많은 것은 못난 부모를 만나서 그렇다는 것입니다. 과연 그럴까요? 양가집 규수로 자란 아이의 경우는 예외적인 것일까요?

의미요법을 창안한 빅터 프랭클 박사는 아니라고 잘라 말합니다. 인생의 참의미, 제대로 된 목표를 추구하는 사람만이 제대로 건강하게, 행복하게 살 수 있습니다. 또한 인생의 참의미는 오직 고난 가운데서만 배울 수 있습니다. 뛰어난 리더 가운데 고난을 겪지 않은 사람들이 없으며, 오히려 고난이 리더가 되게 하는 필수적인 조건이라는 것입니다.

이삭과 결혼한 리브가는 한동안 임신을 못하여 고심했습니다. 그래서 하나님께 매달려 기도했고, 하나님은 리브가에게 쌍둥이를 주셨습니다. 임신 사실에 미처 기뻐하기도 전에 이 쌍둥이는 리브가의 뱃속에서 서로 다투기 시작했습니다. 그 다툼이 심상치 않아서 리브가가 하나님께 이유를 물어볼 정도였습니다.

그렇게 해서 태어난 형제가, 붉은 털이 온 몸에 덮인 에서와 형의 발꿈치를 잡고 뒤따라 나온 야곱이었습니다. 이란성 쌍둥이였습니다. 에서와 야곱은 날 때 모습에 따라 이름이 지어졌습니다. 에서는 '털이 많다', '거칠다'는 뜻의 이름이며, 야곱은 '발뒤꿈치를 잡다'라는 뜻과 함께, '속이다'라는 뜻의 이름입니다.

성장하면서 이들에게서는 각기 다른 모습이 더욱 두드러지게 나타났습니다. 에서는 털이 많은 강한 사냥꾼으로 들판을 헤집고 다녔고, 야곱은 에서와는 대조적으로 집안에서 조용히 지냈습니다. 이러한 차이는 부모의 사랑에서도 확연히 구분되었는데, 아버지 이삭은 형 에서를, 어머니 리브가는 동생 야곱을 편애했습니다. 그 편애는 에서와 야곱의 차이를 더욱 극명하게 했습니다.

유목민이었으므로 힘이 세고 활발한 에서는 야곱보다 훨씬 더 성공할 조건을 갖춘 사람입니다. 더욱이 그는 장자로 태어났으므로 성공은 보장되어 있었고, 아버지의 편애는 가부장적인 사회에서 성공을 보장하는 든든한 버팀목이었습니다.

그런데 하나님이 이 둘에 대하여 이렇게 말씀하십니다.

"두 국민이 네 태중에 있구나. 두 민족이 네 복중에서부터 나누이리라. 이 족속이 저 족속보다 강하겠고 큰 자가 어린 자를 섬기리라"(창 25:23).

왜 모든 조건에서 훨씬 더 유리한 에서가 약한 야곱을 섬기게 된다는 것일까요?

하나님이 그들의 운명을 그렇게 결정하셨기 때문일까요?

아닙니다. 기독교는 그 어떤 운명론도 거부합니다. 하나님이 태어날 때부터 그렇게 정하셨다면 결코 '공평하신 하나님'이 아닙니다.

성공의 조건이 좋은 머리, 아름다운 외모, 뛰어난 재능, 좋은 집안, 좋은 학벌과 든든한 배경이라면 너무나 불공평한 하나님의 처사입니다. 공평하신 하나님이라면, 성공하기 위해서 다른 요건을 충족시켜야 하며, 그 요건은 누구라도 할 수 있는 것이어야 합니다.

성경이 중요한 이유가 여기에 있습니다. 이 세상은 하나님이 만드신 세상이며, 그분이 오늘도 운영하시는 세상입니다. 성경은 하나님의 마음과 뜻이 계시되어 있습니다. 이 하나님의 계시를 특별하고 총명한 사람만이 이해할 수 있다면 그 또한 불공평한 처사입니다. 하나님의 계시는 누구나 이해할 수 있고 실행할 수 있어야 합니다.

훗날, 여러 유리한 조건을 갖춘 에서가 불리한 야곱의 지배를 받게 됩니다. 그 원인을 성경은 단 한마디로 밝힙니다.

"에서가 장자의 명분을 가볍게 여김이었더라"(창 25:34).

에서의 경박성이 결정적인 문제였습니다.

야곱은 집에서 요리를 하고 있었습니다. 붉은 죽을 맛있게 끓였습니다. 그때 마침 에서가 사냥을 나갔다가 허기진 채로 돌아왔습니다. 맛있는 냄새가 나자 야곱에게 "그 죽 좀 달라"고 청합니다. 그러자 야곱은 그 기회를 놓치지 않고 이렇게 제안했습니다. "형의 장자의 명분을 오늘날 내게 팔라"는 것이었습니다. 배가 고픈 에서는 이렇게 대답합니다. "내가 죽게 되었으니, 이 장자의 명분이 내게 무엇이 유익하리오." 그러자 야곱은 얼른 말합니다. "오늘 내게 맹세하라." 에서는 대수롭게 않게 맹세를 해버리고 죽 한 그릇과 떡을 얻어먹었습니다. 그렇게 해서 장자의 명분은 야곱에게 넘어가버렸습니다.

허겁지겁 배를 채우는 형 에서의 모습을 바라보며 야곱은 쾌재를 불렀을 것입니다. 정작 에서는 자신이 무엇을 잃었는지 전혀 알지 못한 채, 부른 배를 안고 흡족한 마음으로 돌아서서 나가버렸습니다.

체코 작가 밀란 쿤데라는 1984년에 《참을 수 없는 존재의 가벼움》이라는 책을 썼습니다. 또 미국의 케네스 리치는 "현대인의 저주는 피상성이다"(《영성과 목회》 중에서)라는 말을 했습니다. 이 '피상성'이란 깊이가 없다는 말이며, 사물의 본질은 보지 않고 겉으로 드러난 현상만 본다는 말입니다. 오늘날 많은 사람들이 사물에 대한 깊은 이해 없이 쉽게 결정하고 행동해버립니다. '피상성'은 '경박성'의 또 다른 말입니다. 경박성은 단순히 성품에 대하여 말하는 것이 아닙니다. 경박성은 저주처럼 단지 겉만 보는 사람들을 실패로 몰아가며 비극적인 파국을 맞게 합니다.

에서는 강한 육체와 능력과 장자로서의 특권에도 불구하고 경솔한 사람, 경박한 사람이었습니다. 무엇이 더 중요한지 전혀 생각하지 않았습니다.

혹자는 야곱의 행동이 야비하다고 비난합니다. 그러나 야곱이 얻기를 원했던 것은 단순히 재산의 문제가 아님을 알아야 합니다. 이렇게 얻은 장자권이 당장 장자로서의 특권을 가져다주는 것도 아닙니다. 반드시 아버지 이삭의 승인이 있어야 합니다. 아버지가 인정하지 않으면 아무 소용이 없습니다. 또한 이 장자권이 실제로 행사되기까지 야곱은 수십 년간의 험난한 고투를 겪어야 했습니다.

주님은 이렇게 말씀하십니다.

"천국은 침노를 당하나니, 침노하는 자는 빼앗느니라"(마 11:12).

천국에 가기를 간절히 원하는 사람, 그것을 얻기를 갈망하는 사람에게 결국 천국이 허락된다는 것입니다. 야곱은 그 간절한 마음이 있었고 에서는 없었습니다.

야곱이 탐을 낸 것은 단순히 장자권이었는지도 모릅니다. 그러나 그것을 얻기 위해 고투를 하는 동안 하나님을 만나고, 하나님의 뜻을 알게 되고, 그 장자권에 엄청난 것이 들어 있음을 알게 되었습니다.

사도 바울이 이런 말을 합니다. "곧 육신의 자녀가 하나님의 자녀가 아니라, 오직 약속의 자녀가 씨로 여기심을 받느니라"(롬 9:8).

야곱이 탐을 내었던 장자권 안에는 바로 하나님의 약속이 있었던 것입니다.

요즘 많은 청년들이 교회를 떠나고 있습니다. 왜 청년들이 교회를 떠날까요? 혹시 교회가 단순한 도피처로서의 역할만 했기 때문이 아닐까요? 열심히 기도하고 신앙 생활 잘 하면 하나님이 알아서 병 낫게 해주고 부자 되게 해주는 것이 기독교라고 가르쳐왔기 때문 아닐까요? 혹시 불상이나 단군상을 훼손시키는 것을 용감한 신앙 행위라고 부추겼기 때문 아닐까요?

부분적으로는 옳습니다. 그러나 너무도 피상적이고 경박합니다.

별 것 아닌 말에 쉽게 화를 내고 상처를 입습니다. 관계를 쉽게 끊어버립니다. 어제까지 함께 잘 어울리던 사람들이 오늘은 서로 등을 돌리고 외면해버립니다. 그 이유를 알고 보면 지극히 사소한 것들입니다. 쉽게 싫증을 내고 쉽게 결정합니다. 이것이 우리들의 비극입니다.

어느새 성도들은 이 경박하고 소란스러운 세상에 물들어버렸습니다. 오히려 더 소란스럽고 더 경박한지도 모릅니다. 복음을 심도 있게 받아들이지 않습니다. 하나님의 말씀을 깊이 묵상하지 않습니다. 쉽게 도취하고 쉽게 열광하다가 쉽게 식어버리고, 쉽게 낙담합니다. 몇 마디의 말로 하나님을 다 설명하려 들고, 사람의 귀를 즐겁게 하는 인스턴트 설교를 좋아합니다. 회개를 촉구하며 아픈 데를 찌르는 설교는 외면해버립니다.

하나님이 원하시는 것은, 그리스도인들이 사물의 본질과 자신의 깊은 중심을 보는 것입니다. 깊은 것을 보기 위해서는 반드시 성령의 도우심이 필요합니다. 성령께서는 하나님의 깊은 것을 통달케 하시는 분이기 때문입니다. 성령의 도우심을 받아 하나님의 말씀의 깊고 깊은 데까지 도달한 사람은 건강한 신앙인이 됩니다. 이 건강한 신앙인은 자신에게 닥친 어려움을 하나님의 뜻으로 알고 받아들입니다. 세상의 어떤 풍파에도 추호의 흔들림이 없게 됩니다.

에서와 야곱의 싸움은 대단히 치열한 싸움이었습니다. 형제간의 평생에 걸친 싸움이었습니다. 이 싸움을 통해서 하나님은 하늘과 땅의 세력 간의 길고 긴 싸움을 보여주고 싶어 하셨고, 어떻게 하늘의 세력이 이기는지를 보여주기 원하셨습니다.

아기 예수의 탄생 소식을 듣고 두 살 미만의 남자아이들을 모두 죽였던 헤롯이 바로 에서의 후예입니다. 그는 예수 그리스도를 십자가에 단 장본인 중 한 사람입니다. 그는 땅의 힘을 대표하는 세력입니다. 에서처럼 힘이 강했고 모든 특권을 소유한 사람입니다. 그래서 야곱의 후예인 예수님을 십자가에 처형시킬 수 있었습니다. 그러나 예수님은 땅과 죽음의 막강한 권세를 물리치고 부활하셨습니다. 하나님의 예언의 말씀대로 야곱이 에서를 이긴 것이며 큰 자가 작은 자를 섬기게 된 것입니다. 우리가 야곱이 되어야 하는 이유가 바로 여기에 있습니다.

마지막으로 주목해야 할 것은, 리브가의 뱃속에 에서와 야곱이 함께 있었다는 사실입니다.

우리의 내면 깊은 곳을 들여다보십시오. 그 속에는 참을 수 없는 경박성과 상상할 수 없는 잔인한 악마성이 도사리고 있습니다. 그래서 겉으로 순해 보이는 사람도 때로는 엄청난 일을 저지르는 것입니다. 한편 우리 속에는 하나님을 알고 싶고 예수님을 사랑하고 싶은 열정과 영원에 대한 간절한 소망도 함께 있습니다.

예수님이 십자기에 달려 돌아가실 때, 양 옆의 두 강도도 십자가에 달렸습니다. 한 강도는 예수님께 간청합니다. "당신의 나라에 임하실 때 나를 기억하소서"(눅 23:42).

그러나 또 다른 강도는 주님을 조롱하며 이렇게 말합니다. "네가 그리스도가 아니냐. 너와 우리를 구원하라"(눅 23:39).

이 두 강도의 심정은, 서로 별개의 것이 아니라 우리 안에 있는 두 마음입니다. 구원받기를 간절히 원하는 마음과 함께, 모든 것을 집어던지고 아무렇게나 살고 싶은 충동이 함께 도사리고 있습니다. 에서와 야곱의 치열한 싸움의 현장은 다름 아닌 바로 내 마음입니다. 이 싸움은 죽음의 순간까지 계속되는 끈질긴 싸움입니다.

"무엇이든지 내게 유익하던 것들을 내가 그리스도를 위하여 다 해로 여길 뿐더러 또한 모든 것을 해로 여김은 내 주 그리스도 예수를 아는 지식이 가장 고상하기 때문이라. 내가 그를 위하여 모든 것을 잃어버리고 배설물로 여김은 그리스도를 얻고 그 안에서 발견되려 함이니"(빌 3:7-9).

사도 바울은 그동안 유익하다고 여기며 자랑했던 그 모든 것들을 해로운 것으로, 배설물로 여기며 과감하게 버렸습니다. 그리스도를 아는 지식을 가장 소중한 것으로 여겼습니다. 그래서 그는 그리스도 안에서 발견되었습니다.

감사한 것은 아직도 내 안에 야곱이 살아 있다는 것입니다.

13강 | 창세기 26:23-31

바보 이삭

하나님의 소원은 내 속사람의 변화이며
하나님 형상의 회복입니다.
기도가 부족하여 내 소원이
이루어지지 않는 것이 아닙니다.
아직도 여전히 하나님의 뜻이
무엇인지 모르고 있으며,
그래서 내 삶의 방향이 잘못되어 있기 때문입니다.

The Story of
Heaven

한 TV 방송국에서 한국인의 편견에 대해 알아보기로 하였습니다. 그래서 어느 대학에서 영어를 가르치는 한 흑인 교수를 대학로에서 사람들에게 말을 걸어보게 하고 그 반응을 조사해보았습니다. 그 흑인 교수가 한 어린이에게 상냥하게 말을 걸며 그 어린이의 뺨을 살짝 만졌습니다. 그러자 그 어린이는 힐끗 그를 쳐다보고는 그냥 지나쳐버렸습니다. 그 직후 교수는 충격적인 장면을 보았습니다. 그 어린이는 마치 더러운 것이라도 묻은 양 자신의 뺨을 문질러댄 것입니다. 다른 사람들의 반응도 비슷했습니다.

거의 대부분의 사람들에게서, 유색 인종 특히 흑인에 대한 편견과 함께, 가난한 나라 사람들에 대한 차별을 발견할 수 있습니다.

저도 한국 사람이 많지 않은 미국 동남부 지역에서 살다 왔습니다. 그 지역은 전통적으로 인종 차별이 유난히 심한 지역이었습니다. 그래서 눈에 보이지 않는 차별을 참 많이 당했습니다. 고속도로를 벗어난 한적한 시골길을 달리다가 한 식당에 들어섰는데 우리 부부는 깜짝 놀라고 말았습니다. 그 식당 안에는 모두 백인들만 있었고 우리가 들어서자 한순간에 사람들의 시선이 우리에게 집중되었습니다. 그때의 시선은 평생 잊지 못할 정도로 싸늘한 것이었습니다. 물론 인종 차별 금지법이 있어서 그 식당에서 쫓겨나지는 않았습니다. 그러나 식사하는 내내 그 시선을 감내해야 했습니다.

인종 차별은 하나님에 대한 큰 죄악입니다.

하나님은 나그네 대접을 소홀히 하지 말 것을 명령하셨습니다. 모든 사람은 하나님의 사랑받는 존재이며 사랑받기 위해 태어났습니다. 하나님의 사랑은 하나님의 사람들에 의해 이 땅에서 구체적으로 실현됩니다. 만약 하나님의 사람들이 침묵하거나 무관심하다면 하나님의 사랑도 드러날 수 없습니다. 그리스도인들이 인종 차별 타파의 최선봉에 서야 합니다. 특히 중국 동포나 탈북 동포들은 더욱 사랑으로 돌보아야 합니다.

미국의 인종 차별 철폐를 위해 목숨을 바친 사람이 마틴 루터 킹 목사입니다.

킹 목사가 인권 운동에 참여할 당시, 미국의 흑인 차별은 상상을 초월할 정도였습니다. 그 차별은 특히 남부 지역에서 극심했습니다. 모든 식당 문에는 의례, '개와 유색 인종의 출입을 금함'이라는 팻말이 붙어 있었습니다. 심지어 이런 일도 있었습니다. 어느 대학 교수가 흑인 최초로 미시시피 대학에 자리를 얻기 위하여 지원서를 제출했습니다. 그러자 대학 당국은 그 자리에서 그를 주립 정신병원에 감금해버렸습니다. 그 이유는 미친 검둥이가 감히 미시시피 대학을 넘본다는 것이었습니다.

그런 상황에서 백인들의 편견에 맞서 마틴 루터 킹 목사가 일어선 것입니다. 백인들의 방해는 극심했습니다. 제한 속도 40km 지역에서 48km로 달렸다는 이유로 킹 목사를 체포하여 감옥에 가두었습니다. 갖은 고초 끝에 킹 목사는 출감 후에도 과연 이 운동을 이끌어갈 수 있을까 심한 고뇌와 두려움에 빠졌습니다.

어느 날 밤, 그는 홀로 주방 식탁에 앉아 깊은 상념에 빠졌습니다. 가족들의 안녕을 먼저 생각했습니다. 그들에게 닥쳐올 위험을 생각하니 더 이상 그 일을 하지 못할 것 같았습니다. 그리고 곧바로 결론에 도달했습니다. 자신은 너무나 약한 존재이며 더 이상 지도자 자리에 있을 수 없다는 것이었습니다. 그런데 바로 다음 순간 뒤따라오는 강력한 생각이 있었습니다. 킹 목사는 이렇게 당시를 회상합니다.

"신앙이 나에게 현실이 되어야 한다는 사실을 깨달았습니다. 하나님이 내게 어떤 분인지를 분명히 인식해야 했습니다. 커피 잔 위로 머리를 숙였습니다. 그리고 기도를 시작했습니다."

바로 이때 그는 위대한 체험을 합니다. 그는 이 일의 당위성과 함께 자신의 약함과 두려움을 하나님 앞에 고백하기 시작했습니다. 그때 한 음성을 듣게 됩니다.

"마틴 루터야, 의를 위하여 일어나라. 진리를 위하여 일어나라. 보라 내가 세상 끝날까지 너와 함께하리라. 절대로 홀로 내버려두지 않겠다."

주님의 약속을 들은 것입니다. 그 신앙 체험은 킹 목사에게 험난한 사태와 끝내는 죽음까지도 용감히 맞설 힘을 주었습니다. 그리고 마침내 인종 차별 철폐라는 하나님의 거룩한 뜻을 미국 땅에 실현할 수 있었습니다.

"내가 너와 함께하리라." 하나님은 모든 사람들에게 이 약속을 하셨습니다. 이 약속에는 어떤 차별도 없습니다. 개인적인 능력, 출신 성분과 배경, 성분과 학벌, 요즘 모든 것을 결정한다는 외모까지도 이 하나님의 약속에는 차별이 없습니다. 다만 그 약속을 붙잡는 사람만이 인생의 모든 역경을 이기고 위대한 하나님의 사람이 될 수 있습니다. 그리고 이 약속은 오늘도 세상 끝날까지 유효합니다.

이삭은 '벼 이삭'처럼 유약한 사람이었습니다. 손해를 봐도 변변히 항의 한번 못하는 못난 사람이었습니다.

이삭은 가나안 땅 한 구석에서 조용히 살고 있었습니다. 주변은 온통 이방인들뿐이었습니다. 이삭이야말로 그 지역 주민들에게 이방인이었습니다. 인종 차별과 같은 어려움이 많았을 것입니다. 그런데 더 어려운 일이 생겼습니다. 그 땅에 가뭄이 든 것입니다. 그는 살 길을 찾아 좀 더 형편이 나은 인근 블레셋 지역의 그랄이라는 성읍으로 옮겼습니다.

그랄 지방으로 거처를 옮긴 이삭은 장차 이집트로 가려고 했습니다. 하늘에서 내리는 비에 의존하여 농사를 짓는 가나안 지방과는 달리 이집트는 나일강 덕분에 언제나 먹을 양식이 풍성했기 때문입니다. 그때 하나님이 이삭에게 나타나셔서 이집트로 내려가지 말고 하나님이 그에게 지시하는 땅에 거하라고 말씀하십니다. "이 땅에 거류하면 내가 너와 함께 있어 네게 복을 주고 내가 이 모든 땅을 너와 네 자손에게 주리라. 내가 네 아버지 아브라함에게 맹세한 것을 이루어 네 자손을 하늘의 별과 같이 번성하게 하며 이 모든 땅을 네 자손에게 주리니 네 자손으로 말미암아 천하 만민이 복을 받으리라"(창 26:3-4).

이삭은 이 하나님의 약속을 믿고 그 땅에 그대로 거했습니다.

이삭도 하나님의 말씀을 믿고 그 지방에서 어려움을 견디고 있었습니다. 그런데 아버지 아브라함이 겪은 똑같은 일을 경험합니다. 그 지방 사람들이 이삭의 아내 리브가를 탐한 것입니다. 이삭은 자신이 죽임을 당할까봐 리브가를 자신의 누이라고 속였습니다. 이삭에게 대단히 부끄러운 일이었습니다. 그러나 하나님은 허물 많은 이삭을 보호하셨고 축복하셨습니다. 농사를 지었는데 백배의 소출을 보았습니다. 가축의 수도 많아졌습니다. 마침내 그는 거부가 되었습니다. 그런데 그 지방 사람들의 시기로 인하여 어려움이 생겼습니다. 그들이 이삭의 소유로 된 우물을 모두 흙으로 메워버린 것입니다. 물이 귀한 그 지방에서 우물은 가장 큰 재산이었습니다. 참고 견디며 어렵게 아파트를 마련하였는데, 외국인이라는 이유로 빼앗기는 것이나 똑같은 것입니다.

그런데 이때 이삭이 취한 행동은 이해하기 어려운 것이었습니다. 그저 조용히 그 지방을 떠나 골짜기로 들어갔습니다. 그 골짜기에서도 우물을 팠습니다. 그러자 사람들이 또 몰려와서 빼앗아버렸습니다. 이삭은 식솔들을 이끌고 더 깊은 곳으로 들어가 우물을 팠고, 또 사람들이 몰려와 빼앗으면 물러나기를 수차례나 했습니다.

"아니 이럴 수가! 하나님의 명령에 순종하였는데 이렇게 어려운 일이 생기다니!" 이삭은 얼마든지 그렇게 항변할 수 있었습니다. 그러나 이삭은 그렇게 하지 않았습니다. 성경은 이삭의 행동을 이렇게 전하고 있습니다.

"이삭이 거기서 옮겨 다른 우물을 팠더니 그들이 다투지 아니하였으므로 그 이름을 르호봇이라 하여 이르되 이제는 여호와께서 우리를 위하여 넓게 하셨으니 이 땅에서 우리가 번성하리로다 하였더라"(창 26:22).

만약에 이런 사람을 남편으로 만난 아내는 기가 막힐 것입니다. 무능한 인간이라는 비난을 면키 어려운 사람입니다. 한마디로 '바보 이삭'입니다.

그런데 분명히 알아두어야 할 것이 있습니다. 사이비 종교의 특징은, 언제나 번영과 그 번영을 이루는 방법에 초점을 맞추고 있습니다. 나름의 법칙을 정해놓고 그것을 열심히 행하면 원하는 것이 이루어진다고 가르칩니다. 그런데 그런 식으로 하나님을 믿는 사람들이 너무나 많습니다. 하나님의 명령만 잘 따르고 헌금 열심히 하고 기도 열심히 하면 하나님의 복을 받는다는 것입니다. 만약에 문제 해결의 핵심이 돈이라면 하나님은 하늘에서 만나를 내리듯 돈 비를 내려주실 것입니다. 만약에 문제 해결의 핵심이 건강이라면 우리 모두를 다 튼튼한 축구 선수로 만드셨을 것입니다. 그러나 예수님은 돌멩이를 떡이 되게 하라는 사탄의 제의를 단호히 거절하셨습니다. 로마를 전복시켜 이스라엘을 해방시키신 것도 아니고, 아픈 사람들을 모두 고쳐주신 것도 아닙니다. 그런 것으로 문제가 해결되지 않는다는 것을 잘 아셨기 때문입니다.

하나님의 소원은 내 속사람의 변화이며 하나님 형상의 회복입니다. 이것이 문제 해결의 핵심입니다. 기도가 부족하여 내 소원이 이루어지지 않는 것이 아닙니다. 아직도 여전히 하나님의 뜻이 무엇인지 모르고 있으며, 그래서 내 삶의 방향이 잘못되어 있기 때문입니다. 여전히 나는 어린아이에 머물러 있기 때문입니다.

그런데 이삭은, 겉으로는 무능해보이고 바보스럽기 그지없지만, 최선을 다하여 하나님의 소원을 이루어가는 중입니다. 그는 바보스러울 만큼 평온합니다. 그러나 그의 평온은 그의 모자라 보이는 성품에서 나온 것이 아닙니다. 쓰린 속을 달래며 억지로 이룬 것이 결코 아닙니다. 그저 하나님의 약속을 바보같이 믿으며 견뎌내는 과정에서 생긴 '하나님의 선물'입니다.

많은 재산을 빼앗겼음에도 불구하고 바보처럼 양보만 하는 이삭에게 하나님이 나타나셨습니다.

"나는 네 아버지 아브라함의 하나님이니 두려워하지 말라. 내 종 아브라함을 위하여 내가 너와 함께 있어 네게 복을 주어 네 자손이 번성하게 하리라"(창 26:24).

같은 말씀의 반복입니다. 그러나 중요합니다. 이 말씀에는 하나님의 큰 인정認定이 담겨 있습니다. 사람들은 그렇게 해서 이 험한 세상을 어찌 살겠냐 하지만, 하나님은 "이삭아, 너는 대단히 잘 하고 있다"는 것입니다.

바보 이삭은 "약속만 하지 마시고 그 약속을 이행하세요" 하지 않았습니다. 대신 하나님의 인정에 감사했습니다. 그래서 하나님께 단을 쌓아 여호와의 이름을 부르며 영광을 돌렸습니다.

그런 이삭에게 놀라운 일이 생겼습니다.

아비멜렉이 찾아왔습니다. 아비멜렉은 사람 이름이 아니라, 그랄 지방을 다스리는 통치자의 명칭으로 '아버지는 왕'이라는 뜻입니다. 이삭을 끊임없이 괴롭히던 아비멜렉이 자신의 군대장관 비골까지 대동하여 이삭을 찾아온 것입니다. 이삭은 아연하여 긴장하지 않을 수 없었습니다. 그래서 이렇게 말합니다. "이삭이 그들에게 이르되 너희가 나를 미워하여 나에게 너희를 떠나게 하였거늘 어찌하여 내게 왔느냐"(창 26:27).

그런데 그들의 입에서 엄청난 말이 쏟아졌습니다. "여호와께서 너와 함께 계심을 우리가 분명히 보았으므로 우리의 사이 곧 우리와 너 사이에 맹세하여 너와 계약을 맺으리라"(창 26:28).

더 놀라운 말이 이어집니다. "너는 우리를 해하지 말라. 이는 우리가 너를 범하지 아니하고 선한 일만 네게 행하여 네가 평안히 가게 하였음이니라. 이제 너는 여호와께 복을 받은 자니라"(창 26:29).

이삭이 아비멜렉에게 해를 끼친 적은 한 번도 없습니다. 아비멜렉이 줄곧 이삭을 괴롭혔습니다. 그런 그들이 스스로 찾아와 이삭 앞에 무릎을 꿇은 것입니다. 그들이 화친을 청한 이유는 단 한 가지, 하나님이 이삭과 함께 계심을 보았기 때문입니다.

바보 이삭. 그저 우물을 파서 빼앗기는 일만을 반복했습니다. 그러나 그것은 그저 겉으로 드러난 모습일 뿐, 그의 속은 전혀 다릅니다. 그는 함께하시겠다는 하나님의 약속을 굳게 믿었고 어떠한 상황에서도 그 약속을 놓지 않았습니다. 그 약속을 자신의 몸으로 이루기 위하여, 그는 자신이 할 수 있는 일에 온 힘을 집중했습니다. 그러는 동안 바보 이삭의 몸에서 하나님의 기운이 펄펄 넘쳐흘렀습니다. 대적자 아비멜렉조차도 그 기운을 느낄 수 있을 정도였습니다.

자신의 이익이나 경제 논리로 살아가는 삶을 '자아 중심적 삶 Ego-Centered Life'이라고 부릅니다. 예수님의 뜻에 따라 살아가는 삶을 '그리스도 중심적 삶Christ-Centered Life'이라고 부릅니다.

권력자가 바보 이방인 이삭에게 무릎을 꿇습니다. 그에게서 하나님을 보았다는 것입니다.

하나님을 믿는다는 대통령에게 민초들이 촛불을 들었습니다. 너와 네 집단만을 위한다는 것입니다.

사람들은 나를 통하여 누구를 볼까요?

기독基督은 '그리스도'를 말합니다. 요즘 세상 사람들은 기독교라 하지 않습니다. 개독교라 부릅니다. '기독' 대신 '개'를 써서 부르는 이유가 무엇일까요?

기독교인인 나를 통하여 기독(그리스도) 대신 멍멍이(개)를 보았다는 것인데….

14강 | 창세기 28:11-22

하늘 문, 자동문

하나님의 세계로 들어가는 문은
'자동문' 입니다.
그 세계 안에 들어가기를 원하는 사람이면
누구든 그 문 앞에 가까이 다가서기만 하면
그 문은 저절로 열립니다.

The Story of
Heaven

무거운 물건을 양쪽에 들고 건물 안으로 들어가야 할 때, 너무 편리한 문이 있습니다. 자동문입니다.

　유대교에서는 안식일에 일을 하거나 불을 켜면 하늘 문이 열리지 않는다고 가르칩니다. 그런데 안식일에 그만 바지 뒤쪽이 뜯어졌습니다. 랍비들은 모여서 열심히 논쟁을 했습니다. 그런 후 최종 결정을 내렸습니다. 바늘 세 땀까지는 노동으로 간주하지 않기로 한 것입니다. 바늘 세 땀을 꿰매면 하늘 문이 열리고, 네 땀을 꿰매면 그 문이 열리지 않는다는 것입니다. 그래서 그 복잡한 법들을 열심히 지키며 하늘 문이 열리기를 간절히 바랍니다. 한편 그 법을 지키지 못한 사람들은 하늘 문이 열리는 것을 아예 포기하며 살아갑니다.

무당들은 서쪽으로 가면 하늘 문이 닫히고, 동쪽으로 가면 열린다고 가르칩니다. 자신이 가르쳐주는 방식대로 치성을 드리면 그 문이 열린다 하면서, 그 문이 열리는 날을 점을 쳐서 가르쳐줍니다. 그날이 길일吉日입니다. 그날 이사도 가고 결혼도 하는 등 가족의 대소사를 치릅니다.

하늘 문이 열리는 손금이 따로 있고, 관상도, 발금도 따로 있고, 사주팔자도 따로 있다고 말합니다. 하늘 문을 열기 위해서는 조상의 묘도 옮겨야 하고, 집터도 봐야 하고, 수맥도 봐야 한다고 말합니다.

사이비 이단들은 자신들만이 그 문을 여는 원리를 안다고 주장합니다. 그래서 통일 원리, 30단계 원리, 50단계 원리, '죄 사함의 비밀 원리' 등을 가르쳐줍니다. 자신들이 가르쳐주는 주문만 소리 높여 외우면 그 문이 열린다고 말합니다. 그래서 그들은 '남묘호랑겡교'를 소리 높여 외웁니다.

교회에서도 하늘 문을 여는 각종 처방을 많이 내려줍니다. 그 처방을 행하기 위하여 엄청난 돈과 노력과 시간과 에너지를 소비합니다.

그런데 하나님의 세계로 들어가는 문은 '자동문'입니다. 그 세계 안에 들어가기를 원하는 사람이면 누구든 그 문 앞에 가까이 다가서기만 하면 그 문은 저절로 열립니다. 바보이든 똑똑한 사람이든 부자이든 가난한 사람이든 전혀 차별이 없습니다. 신앙 생활을 열심히 한 사람이든, 교회 문턱에도 가보지 못한 사람이든 차별이 없습니다. 조건은 단 하나, 그 문 앞에 바짝 다가서는 것입니다.

더욱 중요한 것이 있습니다. 이미 모든 사람들은 하나님의 세계 안에 들어와 있다는 사실입니다. 그런데 사람들은 그 사실을 도무지 인정하지 않습니다.

아담과 하와가 에덴 동산에서 살았습니다. 선악을 알게 하는 나무의 실과를 따먹었을 때에도 여전히 몸은 에덴 동산에 있었습니다. 그런데도 그들은 두려움에 떨며 몸을 무화과 잎새로 가리고, 그것도 부족하여 수풀 속에 몸을 숨기고 불안해했습니다. "아담아, 네가 어디 있느냐?" 하나님의 음성이 들려왔을 때, 그 두려움은 극에 달했습니다. 몸은 여전히 그 밝고 환한 아름다운 동산에 있었으나, 마음은 가장 무섭고 어두운 지옥에 있었습니다.

아담이 하나님 앞에서 몸을 떨면서 간신히 아룁니다. "내가 벗었으므로 두려워하여 숨었나이다"(창 3:10).

하나님이 조용히 반문하십니다. "누가 너의 벗었음을 네게 알렸느냐. 내가 네게 먹지 말라 명한 그 나무 열매를 네가 먹었느냐"(창 3:11).

그러나 아담은 한사코 그 과일을 먹은 사실을 은폐하려고 합니다. 아무리 그것을 은폐한다고 하여도 문제는 여전히 남아 있습니다. 벗었음으로 두려운 것이 아니라, 하나님의 명령을 거역하였음으로 두려운 것입니다. 기도가 부족하여서, 교리를 준수하지 않아서, 교회에 충성하지 않아서 어려운 삶을 사는 것이 아닙니다. 여전히 겉으로 드러난 현상, 비본질만 보기 때문입니다.

"내가 네게 먹지 말라 명한 그 나무 열매를 네가 먹었느냐"(창 3:11). 이 질문은 본질을 보라는 하나님의 간청입니다. 하나님은 중심, 곧 본질을 보기 원하십니다.

창세기 28장에는 중요한 단어가 반복되어 나타나는데, '보다raab'라는 동사입니다.

먼저 에서가 무엇을 보았는지 살펴봅시다.

"에서가 본즉 이삭이 야곱에게 축복하고, 그를 밧단아람으로 보내어 거기서 아내를 맞이하게 하였고, 또 그에게 축복하고 명하기를 너는 가나안 사람의 딸들 중에서 아내를 맞이하지 말라 하였고"(창 28:6).

"에서가 또 본즉 가나안 사람의 딸들이 그의 아버지 이삭을 기쁘게 하지 못하는지라. 이에 에서가 이스마엘에게 가서 그 본처들 외에 아브라함의 아들 이스마엘의 딸이요 느바욧의 누이인 마할랏을 아내로 맞이하였더라"(창 28:8-9).

그러면 야곱은 무엇을 보았는지 살펴봅시다.

"꿈에 본즉 사닥다리가 땅 위에 서 있는데 그 꼭대기가 하늘에 닿았고 또 본즉 하나님의 사자들이 그 위에서 오르락내리락 하고 또 본즉 여호와께서 그 위에 서서 이르시되 나는 여호와니 너의 조부 아브라함의 하나님이요 이삭의 하나님이라. 네가 누워 있는 땅을 내가 너와 네 자손에게 주리니 네 자손이 땅의 티끌같이 되어 네가 서쪽과 동쪽과 북쪽과 남쪽으로 퍼져나갈지며 땅의 모든 족속이 너와 네 자손으로 말미암아 복을 받으리라"(창 28:12-14).

에서는 무엇을 보았습니까?

아버지 이삭이, 죽이고 싶도록(창 27:41) 미운 동생을 축복하는 것을 '보았습니다'. 그리고 가나안 딸 중에서 아내를 취하지 말 것을 명령하는 것을 '보았습니다'. 그리고 야곱이 그 명령에 순종하여 먼 길을 떠나는 것을 '보았습니다'. 또 자기의 아내들인 가나안 사람의 딸들이 아버지 이삭을 기쁘게 하지 못하는 것을 '보았습니다'.

그래서 에서가 취한 행동은 무엇입니까?

아브라함의 아들 이스마엘의 딸을 취하여 아내를 삼는 일이었습니다. 그는 이렇게 생각했을 것입니다. "저토록 사악한 야곱이 아버지의 축복을 계속 받는 것은 내가 아버지가 싫어하는 가나안 여인과 결혼했기 때문이구나." 이미 에서는 가나안 여인 둘을 아내로 삼아 부모의 마음을 상하게 한 적이 있었습니다. "에서가 사십세에 헷 족속 브에리의 딸 유딧과 헷 족속 엘론의 딸 바스맛을 아내로 맞이하였더니 그들이 이삭과 리브가의 마음에 근심이 되었더라"(창 26:34-35). 그래서 그것을 만회하기 위하여 친족인 이스마엘의 딸을 또 아내로 삼은 것입니다.

에서는 자신의 문제의 핵심인 경솔함, 즉 장자권을 경홀히 여김을 보지 못하고 있습니다. 다만 표면적인 문제에 집착하고 있습니다. 그래서 문제를 점점 더 복잡하게 만들어가고 있습니다. 이미 하나님으로부터 멀어진 이스마엘과 자신을 연루시켜, 경솔함을 가중시키며 점점 더 하나님에게서 멀어질 뿐입니다.

에서는, 문제의 핵심을 보지 못하고 책임을 전가하는 '또 다른 아담'입니다. 또한 에서는 동생 아벨만 없으면 축복을 받을 수 있다고 착각한 '또 다른 가인'입니다.

그런데 야곱은 무엇을 보고 있습니까? '하나님의 꿈', '하나님의 약속'을 보고 있습니다.

야곱은 형 에서의 복수를 피하여, 브엘세바에서 하란 지방 밧단

아람까지 먼 길을 가고 있는 중입니다. 그 길을 가다가, 너무 피곤하고 지쳐서 길에서 한 돌을 취하여 베개 삼고 깊디 깊은 잠에 빠져들었습니다.

그런데 꿈속에서 하나님이 찾아오셨습니다. 하늘에서 사닥다리가 내려오고 그 위를 하나님의 사자가 오르내리고 있었습니다. 꿈에는 해몽이 필요합니다. 이 꿈은 하늘과 땅이 하나로 연결되어 있음을 의미합니다.

이어서 하나님의 음성이 들려왔습니다. "나는 여호와니 너의 조부 아브라함의 하나님이요 이삭의 하나님이라. 네가 누워 있는 땅을 내가 너와 네 자손에게 주리니 네 자손이 땅의 티끌같이 되어 네가 서쪽과 동쪽과 북쪽과 남쪽으로 퍼져나갈지며 땅의 모든 족속이 너와 네 자손으로 말미암아 복을 받으리라"(창 28:13-14). 땅과 자손과 복의 근원의 약속입니다. 이것은 믿음의 족장들을 이끌어갔던 약속입니다.

하나님의 약속은 계속 이어집니다. "내가 너와 함께 있어 네가 어디로 가든지 너를 지키며 너를 이끌어 이 땅으로 돌아오게 할지라. 내가 네게 허락한 것을 다 이루기까지 너를 떠나지 아니하리라"(창 28:15). 한마디로, '임마누엘의 약속'입니다. 다만 그 약속을 믿고 하나님의 손을 잡으라는 것입니다.

유고슬라비아의 한 소녀가 수녀가 되기 위하여 길을 떠났습니다. 농사를 짓는 그의 어머니가 그 소녀에게 당부합니다. "어떤 경우에도 예수님의 손을 놓지 말아라." 소녀는 그 당부를 잊지 않았습니다. 그 소녀가 바로 테레사 수녀입니다. 어느 성공한 미국 사회사업가가 테레사 수녀를 방문했습니다. 테레사 수녀는 인도의 어느 빈민촌의 한 초라한 시설에서 동료들과 함께 200여 명 정도 되는 인도 아이들을 돌보고 있었습니다. 그는 실망했습니다. 자신은 최신 시스템을 갖춘 시설에서 유능한 직원들과 함께 가장 효과적인 방법으로 구제 사업을 행하고 있는데, 세계적인 명성을 지닌 테레사 수녀의 모습은 초라하고 너무 비효율적으로 보였기 때문입니다. 그래서 테레사 수녀에게 한수 가르치기 위하여 입을 열었습니다. 그런데 잊을 수 없는 말을 듣게 됩니다. "하나님은 우리를 성공하라고 부르신 것이 아니라, 충성하라고 부르신 것입니다."

테레사 수녀는 그저 주님의 손을 꼭 잡고 살아온 것입니다. 하나님이 맡기신 일을 자신의 방식대로 충성스럽게 행했을 따름입니다. 내가 이루는 것이 아닙니다. 하나님의 일은 하나님이 친히 이루십니다.

야곱이 잠에서 깨어 놀라 말합니다. "여호와께서 과연 여기 계시거늘 내가 알지 못하였도다. 두렵도다, 이 곳이여. 이것은 다름 아닌 하나님의 집이요 이는 하늘의 문이로다"(창 28:16-17).

야곱은 아버지와 형을 크게 속여 장자권을 빼앗은 사람입니다. 대부분의 보통 사람들은 그런 일은 꿈도 꾸지 않습니다. 오히려 야곱을 사악하다고 생각하며, 그런 야곱에게 약속과 보장까지 하신 하나님의 불공평성에 의문을 제기합니다.

더 큰 문제가 있습니다. 하나님의 택함을 받은 사람이면 도덕성은 별로 문제가 되지 않는다고 생각하는 것입니다. 나는 하나님의 택함을 받았으므로 별 문제가 없다는 것입니다. 오직 하나님의 택함을 받는 데 총력을 기울입니다. 오해 중의 오해입니다. 한국 기독교의 최대 문제입니다.

하나님의 세계는 모든 사람에게, 심지어 사악한 야곱에게도 열려 있습니다. 그러므로 당연히 모든 사람들에게 열려 있습니다. 그것을 보라는 것입니다.

하나님은 모든 사람들에게 그분의 꿈을 보여주십니다. 문제는 그 꿈을 보느냐 못 보느냐입니다. 그 약속을 믿느냐 믿지 못하느냐입니다.

성경은 어떤 특정 사람들에게만 주어진 책이 아닙니다. 모든 사람들에게 열려 있는 책입니다. 우리는 성경을 통하여 하나님의 꿈을 볼 수 있습니다. 문제는 그 꿈을 받아들이느냐 거부하느냐입니다.

야곱은 그저 하나님께 바짝 다가섰을 뿐입니다. 그러자 하나님의 세계로 들어가는 자동문이 스르르 열렸습니다.

여호와 하나님은 언제 어디에나 계십니다. 어느 곳이나 하나님의 세계입니다. 어느 곳에나 하나님의 문이 있고 그 문은 누구에게나 열려 있습니다. 야곱이 본 것은 바로 이것입니다. 하나님은 우리 모두가 이것을 보기를 원하십니다.

야곱은 자신이 베고 자던 돌을 기둥으로 세우고 그 위에 기름을 부어 하나님께 영광을 돌렸습니다. 그리고 그곳을 벧엘, 곧 '하나님의 집'이라고 명명했습니다.

그러고는 서원을 합니다. "하나님이 나와 함께 계셔서 내가 가는 이 길에서 나를 지키시고 먹을 떡과 입을 옷을 주시어 내가 평안히 아버지 집으로 돌아가게 하시오면 여호와께서 나의 하나님이 되실 것이요 내가 기둥으로 세운 이 돌이 하나님의 집이 될 것이요 하나님께서 내게 주신 모든 것에서 십분의 일을 내가 반드시 하나님께 드리겠나이다"(창 28:20-22).

십일조는 율법이 아니라, 주인됨을 인정하는 신앙 고백입니다. 야곱은 십일조를 약속함으로 하나님을 주인으로 모시겠다고 맹세했습니다. 어떤 상황에서도 하나님을 사랑하고 그분과 동행하며 따르겠다고 서원했습니다. 그분의 약속을 믿고 가겠다는 것입니다.

성경은 '보다'라는 동사를 구분해서 사용합니다. '블레포*blepo*'와 '호라오*horao*'입니다. '블레포'는 그저 육안으로 보는 것이며, '호라오'는 영적으로 보는 것입니다.

로리 베스 존스는 《최고 경영자 예수》에서 이런 말을 합니다.

"삶의 지향점 없이 떠도는 사람들이 굉장히 많음을 알고 놀랐습니다. 무한한 가치를 지닌 인간의 에너지와 지성이 돌파구를 찾지 못하거나 너무 빈약하게 활용되고 있음을 알고 당황했습니다. 그래서 최고의 삶의 모범을 보이신 예수님을 연구하게 되었습니다."

예수님은 고귀한 것을 구하셨습니다.

예수님은 멀리 내다보셨습니다.

예수님은 사물의 중심을 보셨습니다.

예수님은 사명에 초점을 맞추셨습니다.

예수님은 달리 보셨습니다.

그리스도인은 이런 예수 그리스도를 닮아가는 사람들입니다.

15강

강 | 창세기 29:20-31

세상이 너무 부조리해요!

세상이 아무리 부조리하고 부도덕하고 불합리해도,
일단 눈을 들어 하나님 나라를 보아야 합니다.
예수님은 부조리한 세상을 개혁하지 않으셨습니다.
다만 부조리한 세상을 사는 나에게 말씀하십니다.
"하나님 나라를 보라."

The Story of
Heaven

시골에서만 살던 사람이 서울에 처음 올라왔습니다. 서울은 상상할 수 없을 정도로 복잡했습니다. 너무 많은 사람, 차와 건물 들. 입을 다물 수가 없었습니다. 그래서 친구에게 물었습니다. "이 많은 사람들이 어떻게 살지?" 그러자 친구가 대답했습니다. "서로 속여먹고 살지."

　주위를 둘러보면 정말 그런 것 같습니다. 비리와 부조리가 난무합니다. 도저히 상상도 할 수 없는 일들이 아무렇지도 않은 듯 일어납니다. 전 세계를 뒤흔들고 있는 금융 위기도 서로 속여먹은 결과입니다. 그것도 합법적으로.

　제가 오랜 미국 생활을 마치고 한국의 교회에 목사로 처음 부임하였을 때, 삼풍백화점 붕괴 사고가 일어났습니다. 그 백화점이 바로 교회 인근이라, 주변은 삽시간에 아수라장이 되었습니다. 청년들을 데리고 헌혈하러 가면서, 끊임없이 떠오른 생각은 "다시 미국으로 돌아가자"는 것이었습니다.

큰일이 생기면, 사람들은 이런 말을 잘 합니다. "더 이상 여기서 못 살겠다. 이민이나 가자." 정말 떠나고 싶은 세상입니다. 영적인 것과는 거리가 먼 세상을 살아가고 있습니다. 그런데 문제는, 미국도, 그 어느 곳도 상황은 마찬가지라는 것입니다. 이제 여기 한국에서 살 길을 찾는 수밖에 달리 방도가 없습니다.

그래서 예수님의 말씀을 듣기로 작정하고 앉았는데, 예수님은 이렇게 말씀하십니다.

"하늘에 계신 너희 아버지의 온전하심같이 너희도 온전하라."

"마음을 다하고 목숨을 다하고 뜻을 다하여 주 너의 하나님을 사랑하라."

"네 이웃을 네 몸과 같이 사랑하라."

"누구든지 네 오른뺨을 치거든 왼편도 돌려 대며."

"너희 원수를 사랑하고 너희를 핍박하는 자를 위하여 기도하라."

주님이 친히 가르치신 이 말씀들이 우리의 귀에 이르기도 전에 우수수 땅에 떨어지는 것이 보입니다.

복음의 높은 이상과 점점 더 악해져가는 인간의 현실 사이의 괴리는 좁혀지기는커녕, 이제는 점점 더 건널 수 없는 것이 되어갑니다. 그런데도 주님은 단 한 번도 복음의 높은 이상과 하나님의 기대치를 낮춘 적이 없으십니다. 오히려 높이셨습니다.

예수님은 여자를 보고 음욕을 품는 것도 간음으로 간주하라고 가르치셨고, 남을 미워하는 것을 살인으로 간주하라고 가르치셨습니다. '이에는 이, 눈에는 눈'으로 당연하게 여겼던 것마저도 폐기하시고 원수를 사랑하고, 그를 위하여 기도할 것까지 명령하셨습니다.

당시 이스라엘은 다른 지역보다도 훨씬 더 높은 도덕성을 유지하고 있었습니다. 그중에 바리새인은 특히 그러했습니다. 그런데도 예수님은 그 많은 계율들을 철저히 지킨 그들을 인정조차 하지 않으시면서, "너희의 의가 서기관과 바리새인보다 더 낫지 못하면, 결단코 천국에 들어가지 못하리라"(마 5:20)라고 단호히 말씀하셨습니다.

자신의 기득권을 포기하고 용기를 내어 주님을 따르겠다고 찾아온 부자 청년에게, 재산을 다 팔아 가난한 자들에게 나누어주기 전에는 어림없는 일이라고 말씀하신 예수님이십니다. 우리는 그 청년이 얼마나 성실하게 율법을 지키며 살아왔는지 잘 알고 있습니다.

그는 낙담하여 발길을 돌려야 했습니다. 예수님은 거기서 한 말씀을 덧붙이면서 사람들의 기를 완전히 질리게 만드셨습니다. "부자가 하늘나라에 들어가는 것보다 낙타가 바늘귀로 들어가는 것이 훨씬 쉽다."

한편 예수님은 어떤 합리화나 책임 전가도 용납하지 않으셨습니다. 하나님의 말씀을 자신을 위하여 합리화하고 가감했던 모든 사람들을 밖으로 밀쳐버리셨습니다.

성경의 마지막 책 요한계시록. 그 책의 맨 마지막에 하신 경고의 말씀도 이에 관한 것입니다.

"만일 누구든지 이것들 외에 더하면 하나님이 이 두루마리에 기록된 재앙들을 그에게 더하실 것이요 만일 누구든지 이 두루마리의 예언의 말씀에서 제하여버리면 하나님이 이 두루마리에 기록된 생명나무와 및 거룩한 성에 참여함을 제하여버리시리라" (계 22:18-19).

속고 속이는 이 부조리한 세상에서, 하나님의 말씀은 가감 없이, 어떤 손해가 있어도, 그 어떤 명령도 지켜나가야 한다는 말입니다. 묘책이나 비법은 고사하고 격려의 말씀 한 마디를 아끼고 계십니다. 이제 우리의 입에는 단 하나의 말만 남아 있습니다.

"그렇다면 예수님, 우리는 어쩌란 말씀입니까?"

그러나 예수님은 종전의 말씀을 완화하지도, 보류하지도 않으십니다. 남은 것은 순종이냐 거부냐, 둘 중 하나입니다.

야곱은 형 에서의 복수의 칼을 피해, 살 길을 찾아 멀리 이천 리넘는 길을 걸어왔습니다. 천신만고 끝에 외삼촌 라반의 집에 몸을 의탁했습니다. 외삼촌이니까, 가까운 친척이니까, 나를 보호해주리라 믿은 것입니다. 그런데 그렇지 않았습니다. 그 외삼촌이 야곱을 속인 것입니다. 믿은 외삼촌에게 발등을 찍힌 것입니다.

외삼촌에게는 두 딸이 있었는데, 레아와 라헬이었습니다. 당시 관습으로는 사촌들끼리도 결혼할 수 있었습니다. 그런데 야곱은 외삼촌의 둘째 딸 라헬을 더 사랑했습니다. 처음 그 땅에 당도하였을 때 우물가에서 라헬을 만났을 뿐 아니라, 그녀가 곱고 아리땁기 때문이었습니다. 레아는 "안력이 부족하였다"고 하였는데, 시력이 나빠서 언제나 얼굴을 찡그리고 있었다는 말입니다. 야곱은 외삼촌에게, 라헬을 자신에게 주기로 약속하면 7년 동안 외삼촌을 위하여 일하겠노라고 제안했습니다. 그 제안은 받아들여졌고, 사랑하는 라헬을 위하여 일하므로 7년을 수일같이 여기며(창 29:20) 즐겁게 일을 했습니다.

7년 후, 기다리던 결혼식이 다가왔습니다. 그러나 신혼 첫날을 보낸 후, 아침에 일어나보니 경악할 일이 벌어졌습니다. 외삼촌의 첫째 딸 레아가 옆에 누워있는 것이었습니다. 결혼 전 신부의 얼굴을 보지 못하는 것이 당시 관습이었습니다. 야곱은 너무나 기가 막혔습니다. 말이 7년이지, 7년 동안이나 뼈가 부서져라 일을 한 대가가 전혀 예상 밖이니, 마음이 이만저만 상한 것이 아니었습니다. 그래서 외삼촌에게 항의를 했습니다. "외삼촌이 어떻게 내게 이럴 수가 있습니까?" 그러자 라반은, 아무렇지도 않은 듯 형보다 아우 먼저 주는 것이 관습에 어긋난다고 말하면서, 동생 라헬을 얻으려면 7년을 더 일하라는 것이었습니다. 그래서 야곱은 사랑하는 라헬을 얻기 위하여 7년을 더 일했습니다. 라헬을 위하여 도합 14년을 일한 것입니다. 그런데 외삼촌의 속임수는 여기서 끝나지 않았습니다.

"그대들의 아버지가 나를 속여 품삯을 열 번이나 변경하였느니라"(창 31:7). 외삼촌 라반이 조카 야곱을 머슴으로 부리면서 열 번이나 품삯을 속인 것입니다.

형제간의 수많은 재산 싸움을 보아온 우리들이며, 그 싸움에 앞장선 우리들입니다. 피를 나눈 형제에게 단 한 번만 속임을 당해도 담을 쌓고 살아갑니다. 그런데 야곱은 외삼촌으로부터 열 번이나 속임을 당한 것입니다.

그런데 생각해보십시오. 야곱이 누구입니까? 눈이 어두운 아버지를 속인 사람입니다. 형 에서를 속여 장자권을 가로챈 사람입니다. 그도 외삼촌과 다를 바 없었습니다.

야곱이 처한 상황도 한마디로 '속임수의 세상'입니다. 서로 속여먹고 사는 세상입니다.

이런 세상을 사는 사람들을 향하여 예수님이 하신 첫 말씀은, "때가 찼고 하나님의 나라가 가까이 왔으니 회개하고 복음을 믿으라"(막 1:15)입니다.

이 말씀은, 속임수의 세상을 치유하는 하나님 최고의 처방전입니다.

내 눈을 세상 나라로부터 하나님 나라로 돌리라는 것입니다. 세상이 아무리 부조리하고 부도덕하고 불합리해도, 일단 눈을 들어 하나님 나라를 보라는 것입니다. 이것이 예수님의 세상을 향한 첫 번째 처방입니다. 이 처방은 세상을 위한 것이 아닙니다. 세상을 살아가고 있는 나를 위한 것입니다. 예수님은 부조리한 세상을 개혁하지 않으셨습니다. 다만 부조리한 세상을 사는 나에게 말씀하십니다. "하나님 나라를 보라."

야곱의 눈은 자신을 끊임없이 속이며 이용만 하는 외삼촌을 향해 있지 않았습니다. 어떤 경우에도 벧엘에서 만난 하나님을 향하여 고정되어 있었습니다. 속을 때마다 가슴에 품고 있는 하나님의 약속을 꺼내보았습니다. 이것이 14년의 억울함을 견디게 했습니다.

예수님의 두 번째 처방은 '회개'입니다. 회개는 헬라어로 '메타노에오*metanoeo*'인데, '바꾸다'라는 말과 '마음을 단련하다'라는 말의 합성어로 '죄악된 생각을 버리고 하나님께로 마음을 돌이키다'라는 뜻입니다. '세상 사람들이 속이며 사니, 나도 그렇게 하겠다'는 생각을 버리고 하나님께로 돌아서겠다는 결단이 회개입니다.

야곱의 일은, 회개하지 않은 죄는 반드시 대가를 치른다는 것을 보여주고 있습니다. 야곱은 외삼촌에게 속으며 자신의 속임수를 뼈저리게 통감하였을 것입니다. 회개는 후회와는 질적으로 다릅니다. 후회는 통한의 회한이 있으나, 회개에는 하나님으로부터 내리는 죄 사함의 은총이 있습니다.

하나님을 모르는 세상 사람들의 최대 문제는 예수 그리스도의 사죄의 은총을 받아들이지 않는다는 것입니다. 믿기만 하면 된다고 하니 너무 쉽다는 것입니다. 그래서 거부합니다. 거부한 결과, 여전히 죄 가운데 살아갑니다.

핀란드는 가장 부조리가 적은 나라입니다. 속고 속이는 일이 가장 드문 나라입니다. 그런 나라에서 청년들의 총기 난사로 수십 명이 죽는 사건이 연이어 터지고 있습니다. 세상이 얼마나 깨끗한가가 관건이 아닙니다. 내가 문제의 핵심입니다. 내가 여전히 죄 가운데 있다면 세상이 아무리 깨끗해져도 아무 소용이 없습니다. 그러나 내가 회개함으로 하나님의 은혜의 세계에 들어서는 순간 세상은 그만큼 깨끗하고 행복해집니다.

죄 사함의 은총에는 두 가지 큰 선물이 있습니다. 상처받은 '과거로부터의 해방'과 해를 입힌 사람을 용서할 수 있는 '용기와 넉넉함'입니다. 이 선물의 가장 큰 특징은 세상에서는 구할 수 없다는 것입니다.

예수님의 세 번째 처방은 '복음을 믿는 것'입니다. 하나님의 말씀이 세상의 가르침과 아무리 동떨어져 있어도, 그 말씀을 듣고 믿고 의지하고 순종하라는 것입니다. 이것은 2000년 동안 변함없었고, 앞으로도 변하지 않을 영원한 처방입니다.

야곱은 벧엘에서 하신 하나님의 약속을 붙잡았습니다. "내가 너와 함께 있어 네가 어디로 가든지 너를 지키며 너를 이끌어 이 땅으로 돌아오게 할지라. 내가 네게 허락한 것을 다 이루기까지 너를 떠나지 아니하리라"(창 28:15)는 하나님의 약속을 굳게 믿었습니다.

"스스로 속이지 말라. 하나님은 업신여김을 받지 아니하시나니 사람이 무엇으로 심든지 그대로 거두리라. 자기의 육체를 위하여 심는 자는 육체로부터 썩어질 것을 거두고 성령을 위하여 심는 자는 성령으로부터 영생을 거두리라"(갈 6:7-8). 사도 바울의 가르침입니다.

야곱은 아버지와 형을 속였습니다. 현재는 외삼촌으로부터 속임을 당하고 있습니다. 자신이 심은 대로 거두는 중입니다. 그런데 야곱이 당하는 일이 그저 심은 대로 거두는 것이라 생각한다면, 야곱은 다른 사람과 전혀 다를 바가 없습니다. 야곱을 다르게 만든 것은 바로 하나님의 약속을 소유했다는 것입니다.

하나님의 약속은 하나님의 사람과 세상 사람을 가르는 가장 뚜렷한 기준입니다.

하나님의 약속을 보지 못한 사람은, 죄 값을 치른다고, 팔자라고, 운명이라고, 업보를 치른다고 생각합니다. 그래서 이를 악물고 그 억울한 일을 참고 애를 쓰고 있으나 썩어질 것만을 얻습니다. 마음이 썩고 육체가 썩고 영혼이 썩습니다. 내가 견디고 참는 일이 바로 육체의 일이며 썩어질 것을 심는 일입니다.

그러나 하나님의 약속을 소유한 사람은, 그 일을 통하여 나를 교정하고 훈련시키는 하나님의 손길을 확인합니다. 그 손을 붙잡습니다. 억울함이 크면 클수록 그 손을 잡은 강도가 더욱 강해집니다. 나의 믿음이 단련을 받아 점점 견고해집니다. 마침내 하나님의 약속이 실현되는 것을 봅니다. 이것이 바로 성령을 심는 일입니다. 그 어떤 험한 일도 '하나님의 사건'으로 받아들일 때마다 성령이 심어집니다. 그리고 나도 모르는 사이에 이 땅에서 성령의 열매를 얻고, 하늘에서는 영생을 얻습니다.

야곱은, 레아와 라헬, 그리고 그의 몸종 빌하와 실바를 통하여, 훗날 태어날 베냐민을 포함, 모두 열두 명의 아들을 얻습니다. 그 열두 명의 아들이 바로 이스라엘 열두 지파를 이루는 근간이 됩니다. 하나님은, 그분의 약속을 믿고 모든 수모와 역경과 억울함을 극복했던 야곱에게 열두 명의 자녀를 허락하셨고, 그들을 통하여 하나님의 나라, 이스라엘을 건설하셨습니다.

속고 속이는 인간의 삶 가운데서도, 하나님의 약속은 반드시 실현됩니다.

그러므로 속았다고, 당했다고 한탄하는 사람은 어리석은 사람입니다. 당하는 그 일 가운데서 하나님의 약속을 보는 것이 가장 중요합니다. 바로 억울한 그 일을 통하여 하나님의 약속이 실현되기 때문입니다. 외삼촌 라반에게 속지 않았다면 열두 아들을 얻을 수 없었을 것이고, 그렇다면 이스라엘도 없었을 것입니다.

또 하나 중요한 것이 있습니다. 하나님은 야곱이 싫어하는 레아의 태는 열어주셨고, 야곱이 사랑하는 라헬의 태는 닫으셨다는 점입니다. "여호와께서 레아가 사랑받지 못함을 보시고 그의 태를 여셨으나 라헬은 자녀가 없었더라"(창 29:31).

내가 좋아하고 원한다고 하나님 역시 원하시는 것이 아닙니다. 레아가 야곱의 사랑을 받지 못함을 보시고 오히려 레아를 통하여 많은 자녀를 두게 하시고 라헬은 무자하게 만드셨습니다. 내가 원치 않는 사람, 원치 않는 사건을 통하여 하나님의 약속이 실현됩니다. 그러므로 하나님의 사람은 설사 자신이 원치 않는 사건을 당하여도 별로 속상해하지 않습니다.

예수님은 우리가 도저히 다다를 수 없는 말씀을 우리 가운데 던져놓으셨습니다. 그 말씀을 그대로 행할 수 있는 사람은 이 세상에 아무도 없습니다. 그 말씀 앞에 서면 우리는 그저 무력감만 느낄 따름입니다. 우리가 죄인임을 절감할 따름입니다.

우리가 할 수 있는 일이 하나 있습니다. 그 말씀을 향하여 되돌아서는 일이고, 그 말씀을 붙잡는 일이고, 그 말씀을 향하여 한 걸음을 내딛는 일입니다.

야곱은 그 일을 했습니다. 할아버지 아브라함과 아버지 이삭이 그 일을 한 것처럼, 야곱도 그렇게 했습니다. 하나님의 약속을 믿고, 부조리한 세상, 살벌한 세상, 불합리한 세상을 뒤로 한 채, 하나님 나라를 향하여 발걸음을 내딛었습니다.

그들은 우리보다 더 늙었으며 더 무능했으며 더 야비했습니다. 그러므로 우리는 얼마든지 그들보다 더 잘할 수 있습니다.

강 | 창세기 32:24-32

하나님과 겨루는 자

씨름하기 위해서는 서로 마주 보아야 합니다.
하나님과 씨름한다는 것은
하나님과 올바른 관계를 맺는 것이며,
바로 이것이 모든 문제를 풀 수 있는 열쇠입니다.

The Story of
Heaven

인도의 성자로 추앙받는 간디는 대영제국 조지 국왕을 만나러 영국을 방문했습니다. 화려한 팡파르와 취재 열기 속에 간디가 도착했고, 간디의 모습을 본 영국 국민들은 경악했습니다. 무명천 한 장으로 대충 몸을 가린 채, 비틀비틀 증기선에서 내리는 간디의 모습 때문이었습니다. 손에는 염소 한 마리를 묶은 끈을 꼭 쥐고 있었는데, 영국 체류 중 그에게 젖을 제공할 염소였습니다.

간디는, 비록 영국의 식민지였지만 인도에서 출세가 보장된 변호사였습니다. 그러나 모든 것을 버렸습니다. 몸을 가릴 흰색 무명으로 만든 옷(간디 자신이 손수 물레를 돌려 만든 옷) 그리고 동그란 테의 안경, 가죽으로 만든 샌들, 회중시계와 손가방이 그의 소유 전부였습니다.

아무것도 가지지 않은 그가, 영원히 해가 지지 않는 막강 대영제국으로부터 독립을 이끌어냈습니다. 그런데 그가 택한 방법은 놀랍게도 '무저항 비폭력'의 방법이었습니다. 예수님 이래로 인류가 한 번도 보지 못했던 방법입니다.

영국은 면화를 인도로부터 착취하다시피 가져가서, 영국 공장에서 무명천을 만들어 비싼 값으로 인도인들에게 되팔아 막대한 이익을 챙겼습니다. 간디가 처음 시작한 무저항 비폭력 운동은, 인도인 스스로 물레를 돌려 무명천을 만들자는 것이었습니다. 그리고 인도인들을 이끌고 영국에 맞서 독립을 요구했습니다. 영국의 탄압은 점점 더 그 강도를 높여갔습니다. 암리차르에서 1,516명의 사상자가 발생했습니다. 여성과 어린이 들이 포함된 비무장 군중을 향하여 10분에 걸쳐 1,650발의 총탄을 발사했습니다. 그러나 간디는 자신의 방법을 포기하지 않았습니다. 그리고 끝내는 인도의 독립을 쟁취했습니다.

'무저항 비폭력의 방법'. 아무것도 이끌어낼 수 없을 것처럼 무력해 보이나 이 땅에서 가장 강력한 이 방법을, 간디는 예수 그리스도로부터 배웠습니다.

그의 손에 들려 있었던 그 손가방에는 언제나 성경책 한 권이 들어 있었습니다. 그는 그리스도인이 아닙니다. 인도 사람이라면 누구나 그렇듯이 힌두교도였습니다. 그러나 성경을 처음 접하고 예수님에게 매료되었습니다. 그래서 그 예수님을 믿는 사람들이 모여 있는 교회를 찾았으나, 유색인이라는 이유로 교회에 들어갈 수 없었습니다. 이후, 그는 교회를 버렸지만 성경과 예수님은 받아들였습니다. 언제나 성경을 통하여 예수님의 지혜를 배웠고, 평생 예수님과 교제하는 삶을 살았습니다.

어느 날 영국에 대항하여 싸울 방법을 찾아 고뇌하고 있을 때, 머리끝에 강한 전류와 같은 것이 내려와 온 몸을 휘감았습니다. 그와 동시에 강한 영감이 떠올랐습니다. 모든 상념과 근심이 사라지고, 오직 '무저항 비폭력'이라는 단어밖에는 남지 않았습니다.

무저항 비폭력은 인간이 생각해낼 수 없는 '하나님의 방법'입니다. 폭력에는 더 큰 폭력으로, 돈에는 더 큰 돈으로, 군대에는 더 큰 군대로, 힘에는 더 큰 힘으로만 이길 수 있다는 것이 모든 인간들이 택하는 방법입니다. 그러나 하나님의 방법은 전혀 다릅니다. 폭력에는 더 작은 폭력이 아니라 비폭력으로, 부富에는 무소유로, 군대에는 결사항전이 아닌 비무장으로, 묵묵히 그 앞에 서는 것입니다. 예수님이 온 몸으로 실천하신 방법입니다.

자신만이 하나님의 택함을 받았다고 굳게 믿는 세계 최고의 종교적 자존심을 지닌 유대교 앞에, 일찍이 볼 수 없었던 최대 최강의 로마제국 앞에, 예수님은 그저 조용히 서 계셨습니다. 아무것도 없었던 예수님, 가장 무력하게 보이던 예수님은 그러나, 그 누구도 볼 수 없는 하나님의 손을 꼭 붙잡고 계셨습니다.

예수님처럼, 아무것도 소유하지 않았던 160cm, 45kg의 초라한 간디도 예수님의 손을 붙잡고 있었습니다.

주님의 손을 잡을 때, 그 어떤 두려움도 능히 이길 수 있는 영혼의 힘을 허락받습니다. 그 힘은 오직 하나님으로부터 내려오는 것입니다. 그 힘을 주시기 위하여 하나님이 우리를 부르셨습니다.

야곱은 천신만고 끝에 성공하여 고향으로 돌아옵니다. 그러나 오매불망 그리던 고향 땅을 눈앞에 두고도, 선뜻 발을 들여놓지 못하는 것은 형 에서와 풀어야 할 문제가 있기 때문이었습니다. 20년 전에 형 에서를 속이고 장자권을 빼앗은 일과 눈물로 복수를 다짐하던 형 에서의 무서운 얼굴이 그의 발목을 잡은 것입니다.

도저히 얍복강을 건널 수가 없었습니다. 그동안 모은 많은 재산을 두 패로 나누었습니다. 에서를 만나거든, 동생 야곱이 보낸 선물이라고, 부디 이 선물을 받고 노여움을 푸시라고 전하게 했습니다. 사랑하는 가족들과 전 재산으로 하여금 먼저 얍복강을 건너게 했습니다. 그러나 정작 야곱 자신은 도저히 건널 수가 없었습니다.

너무나 두려웠기 때문입니다.

머리를 감싸며 고뇌에 빠져 뒹굴던 그날 밤, 하나님의 사람이 나타났고, 그는 밤새도록 하나님의 사람과 더불어 씨름을 했습니다. 야곱이 한 말은 오직 한 마디, "당신이 내게 축복하지 아니하면 가게 하지 아니하겠나이다"(창 32:26)라는 말이었습니다. 환도뼈(허벅지 관절)가 부러지는 고통 중에도 야곱은 그 사람을 붙들고 늘어졌습니다. 도저히 야곱을 어찌하지 못한 하나님의 사람이 묻습니다.

"네 이름이 무엇이냐?"

"야곱입니다."

"네 이름을 다시는 야곱이라 부를 것이 아니요 이스라엘이라 부를 것이니 이는 네가 하나님과 및 사람들과 겨루어 이겼음이니라"(창 32:28).

'이스라엘'이라는 이름을 받고 야곱은 하나님의 사람을 놓아주었습니다. 그 후 브니엘의 아침이 밝았고, 이스라엘이 된 야곱은 태양을 향하여 기쁨의 환호성을 질렀습니다. 다만 이름이 바뀌었을 뿐입니다. 그 이름이 도대체 뭐길래.

야곱이라는 이름은 '빼앗는 자'라는 뜻입니다. 이스라엘이라는 이름은 '하나님과 더불어 겨루는 자'라는 뜻입니다. 밤새도록 싸워 환도뼈까지 부서지며 얻어낸 축복이 겨우 이름 하나라고 생각하는 사람들은 아직도 갈 길이 먼 것입니다. 이 이름에는 인생의 본질을 결정하는 열쇠가 있습니다. 바로 이것을 주시기 위해 하나님은 두려움에 떨고 있는 야곱을 찾아오신 것입니다.

사람에게는 네 가지 차원의 관계가 있습니다.

제일 먼저 부딪히는 것은 '자기 자신과의 관계'입니다. 어떤 사람들은 자신을 너무나 사랑하여 자신만을 생각합니다. 자신이 가장 잘났고 가장 옳다고 생각합니다. 이기적이고 자기 중심적입니다. 반면, 어떤 사람들은 자신을 너무나 싫어합니다. 생긴 것도 싫고 자신의 처한 환경도, 여건도 싫습니다. 그래서 자기 혐오와 열등감에 빠져 있습니다. 그런데 이 자만심과 열등감은 모든 사람들 안에 공존합니다.

다음은 '이웃과의 관계'입니다. 어떤 사람은 다른 사람과 좋은 관계를 맺으며 원만하게 살아가는 반면, 어떤 사람은 불화가 끊이지 않습니다. 그런데 아무리 원만한 사람도 어떤 특정한 사람과의 관계는 도저히 풀지 못해 평생을 불편하게 살아갑니다. 예외가 없습니다.

그리고 남은 것은 '자연과의 관계'입니다. 요즘 부쩍 그 관심이 증대된 관계입니다. 곧 환경 오염 문제로서 인류 최대의 관심사로 대두된 문제입니다.

그 어느 것 하나 결코 만만한 문제가 아닙니다. 이 문제들을 어떻게 풀어가야 할까요?

대결하고 싸우고 빼앗으면서 문제를 해결하려는 것이 모든 사람의 방법입니다. 능력이 있어 많이 빼앗으면 자만심이 생깁니다. 능력이 없어 빼앗지 못하면 속상하고 열등감이 생깁니다. 다른 사람의 사랑과 관심을 빼앗지 못해 내 편으로 만들지 못하면 이웃과의 관계가 엉망이 됩니다. 어떻게 해서든지 많이 소유하기 위해서 자연을 파괴합니다.

'환도뼈'는 상체와 하체를 잇는 중심 뼈입니다. 내 능력의 중심을 상징합니다. 사람들은 그 환도뼈를 강화시키는 것이 인생의 목표입니다.

그러므로 '빼앗는 자' 야곱은, 모든 인간의 이름인 동시에, 바로 내 이름입니다.

얍복강가에서 하나님은 야곱의 그 환도뼈를 부러뜨리셨습니다. 그리고 이름을 야곱에서 '하나님과 겨루는 자' 이스라엘로 바꿔주셨습니다. 세상 문제를, 자신의 환도뼈에 의지하지 말고, 하나님과 씨름하여 풀라는 말입니다. 씨름하기 위해서는 서로 마주 보아야 합니다. 하나님과 씨름한다는 것은 하나님과 올바른 관계를 맺는 것이며, 바로 이것이 모든 문제를 풀 수 있는 열쇠입니다.

간디는 대결하여 빼앗는 길을 버리고 5억 인도인에게 자유를 줄 수 있었습니다. 야곱도 빼앗는 자의 이름을 버림으로 인생 최대의 난제인 형 에서와의 화해를 얻을 수 있었습니다.

프랑스에서 재미있는 보도 자료가 나왔는데, 불화한 부부가 함께 여행을 다녀오면, 상태가 더욱 나빠져 급기야 이혼에 이른다는 것입니다. 심리학에서 말하는 소위 '갈등 심화 현상'입니다. 문제를 대화로 푼다고 서로 만났다가 더욱 갈등이 심화되어버린 것입니다.

얽힌 문제를 풀어보겠다고 문제의 인물이나 사건과 씨름하면 반드시 나타나는 현상이 있습니다. 내가 잘못했다 하더라도, '나만 잘못했어?'라는 생각입니다. 씨름하다보면, 문제의 본질은 멀리 가버리고 상대방의 태도에 분개합니다. '아무리 내가 잘못했다 하더라도 너무하잖아!'입니다. 내 잘못이 없을 때는 기세등등, 살기 등등입니다. 한마디로 말해서, 사람이나 사건과 씨름하다보면, 내 정당성이 상승합니다. 상대방도 마찬가지입니다. 그래서 억울함과 증오가 증폭되어버립니다. 그 배후에서 파괴의 영인 사탄이 회심의 미소를 짓고 있습니다.

그런데 하나님과 씨름하다 나타나는 현상은 전혀 다릅니다. 나 자신이 점점 작아집니다. 정당성도 점점 낮아집니다. 억울함도 사라지고, 증오심도 꼬리를 감추기 시작합니다. 드디어 나오는 소리는 "제가 잘못했어요"입니다.

사람들과 뒤엉켜 씨름하는 사람, 당한 일과 씨름하는 사람은 결코 하나님의 얼굴을 볼 수 없습니다. 더 큰 싸움과 증오를 종용하는 사탄의 조종을 받아, 더 깊은 갈등의 수렁에 빠져버립니다. 한편 두려움은 더욱 깊어집니다.

이름이 바뀐 야곱이 이렇게 외칩니다.

"브니엘. 내가 하나님과 대면하여 보았으나 내 생명이 보전되었다"(창 32:30).

'브니엘'이란 '하나님의 얼굴'이라는 뜻입니다. 하나님과 더불어 씨름할 때만이 하나님의 얼굴을 뵐 수 있습니다.

하나님과 더불어 씨름한 야곱, 하나님의 얼굴을 본 이스라엘은 어떻게 변하였습니까?

두려움은 사라졌습니다. 비록 몸은 환도뼈가 부러져 다리를 절었으나, 야곱의 마음은 생명으로 가득 차고 소망과 자신감으로 당당해졌습니다. 하나님과 올바른 관계를 맺으면, 나 자신과의 관계가 올바로 정립됩니다. 그래서 야곱은 너무 무서워 도저히 건널 수 없을 것처럼 보였던 압복강을 건널 수 있었습니다.

야곱이 눈을 들어보니, 형 에서가 군사를 400명이나 거느리고 오고 있었습니다.

"자기는 그들 앞에서 나아가되 몸을 일곱 번 땅에 굽히며 그의 형 에서에게 가까이 가니"(창 33:3).

야곱이 달라졌습니다. 그들 앞에 당당히 나아갔습니다. 그리고 형 에서 앞에 나아가 절을 하되, 일곱 번을 했습니다. 일곱 번의 절은 완전한 굴복을 말합니다. 이제 처분대로 맡기겠다는 것입니다.

일곱 번 절을 하는 야곱의 심정은 어땠을까요? 굴욕적이었을까요? 아닙니다. 이제는 하나님을 뵙고 난 다음이라, 죽어도 좋다는 것입니다. 이것이 하나님과 올바른 관계를 맺은 사람, 자신과 화해한 사람의 당당한 태도입니다. 이런 사람들은 자신의 잘못을 솔직히 시인할 줄 압니다. 숨길 것이 없기 때문입니다. 그래서 기꺼이 자기를 죽이러 온 에서 앞에 무릎을 꿇고 절을 할 수 있었던 것입니다. 그러자 무슨 일이 일어났습니까?

"에서가 달려와서 그를 맞이하여 안고 목을 어긋맞추어 그와 입 맞추고 서로 우니라"(창 33:4).

고향으로 돌아온 야곱이 형 에서와 화해한 것입니다. 하나님이 허락하신 화해입니다. 그동안 야곱을 괴롭혔던 문제가 아름다운 결말을 본 것입니다.

무엇보다 화해가 절실한 세상입니다.

나 자신과의 화해.

이웃과의 화해.

자연과의 화해.

난제들과 미운 사람들과 정신없이 싸우고 있는 내 어깨를 툭툭 치시는 하나님.

가뜩이나 힘이 달리는 판인데, 하나님과 씨름 한판 붙어봅시다. 모든 것이 해결된다니까.

"어이, 나랑 씨름 한판 붙자." 그렇게 찾아오시는 하나님이 인생 최고의 선물입니다.

4

꿈꾸는 자의 연단

"당신들이 나를 이 곳에 팔았다고 해서 근심하지 마소서. 한탄하지 마소서.
하나님이 생명을 구원하시려고 나를 당신들보다 먼저 보내셨나이다"
(창 45:5).

흰 코끼리 몰아내기

세겜에서 벧엘로 가는 것은 단순히
지리적으로 이동하는 것이 아닙니다.
본토 친척 아비 집에 의존하며 살아가는
삶으로부터의 단절입니다.
눈앞의 이익을 구하고, 당하면 복수하며 사는
삶에서 떠나는 것입니다.

The Story of
Heaven

예로부터 태국에서는 흰 코끼리가 대단히 신성한 동물이었습니다. 그런데 태국 왕들은 자기가 미워하는 사람들에게 그 귀한 흰 코끼리를 선물로 보냈다고 합니다. 얼핏 보기에는 굉장한 선물을 받은 것 같고, 남들에게 큰 자랑거리인데, 실제로는 그 코끼리로 인해 망하게 되기 때문입니다. 신성한 흰 코끼리를 신으로 극진히 대접해야 하기 때문에 선물을 받은 사람은 평생 흰 코끼리 관리에 모든 것을 쏟아 돌보다가 전 재산을 날리고 파멸해버립니다.

그동안 야곱은 20년의 길고 긴 고난을 잘 참고 견뎠습니다. 얍복 강가에서 하나님의 사람과 씨름하여 하나님의 영광을 얻었습니다. 그리고 당당히, 그러나 겸손히 형 에서와 화해했습니다. 최대 문제까지 해결된 것입니다. 함께 살자는 에서의 제안을 간곡히 거절한 야곱은 '숙곳'이라는 곳에 정착했습니다. 몇 년 후에는 세겜의 아버지 하몰의 아들들로부터 은 100개를 지불하고 땅을 사기까지 했습니다. 은 한 개는 양 한 마리의 가치로, 그 땅은 대단히 넓은 곳입니다. 그야말로 '불행 끝 행복 시작'입니다.

하지만 세겜에서 예기치 않은 일이 발생합니다.

야곱의 딸 디나가 밖으로 나갔다가 험한 일을 당하고 만 것입니다. 야곱이 땅을 산, 그 지방 추장 하몰의 아들 세겜에게 강간을 당한 것입니다. 여동생이 당한 일에 대하여 디나의 오빠들은 대노했습니다.

그런데 세겜이 디나를 아내로 삼고 싶어 했고, 야곱 집안의 어떤 요구도 수락하겠다고 제안했습니다. 그 말에 야곱의 아들들은 한 꾀를 냅니다. 그들로 하여금 할례를 받게 하는 것입니다.

"할례받지 아니한 사람에게 우리 누이를 줄 수 없노니 이는 우리의 수치가 됨이니라"(창 34:14).

매우 그럴듯한 명분입니다. 야곱의 아들들의 속셈을 알 리 없는 그들은 겁도 없이 덜커덕 할례를 받았습니다. 그러고는 그들이 상처가 아물기를 기다리고 있을 때, 야곱의 아들들은 사람들을 이끌고 그들을 살해해버렸습니다. 일은 거기서 끝난 것이 아닙니다. 야곱의 아들들은 세겜의 성읍을 완전히 초토화시켜버렸습니다. 재물을 빼앗았을 뿐 아니라, 그 자녀와 아내들까지 사로잡았습니다.

이 일을 어떻게 보아야 할까요?

그 땅의 통치자와 혼인 관계를 맺는 것은 큰 복일 수도 있습니다. 그런데 야곱의 아들들은 그것이 싫었습니다. 그래서 복수를 시도했고, 성공했고, 세겜의 성읍 전체를 손에 넣는 결과를 얻었습니다. 더 큰 복을 얻었습니다. 하나님의 도우심이라고 하나님께 영광을 돌릴 수도 있게 되었습니다.

오늘날 교회에서 행해지는 간증의 내용들을 상기해보십시오. 상당수가 이와 같은 것들이 아닙니까? 야곱의 아들들이 하나님의 도우심으로 신앙의 승리를 얻은 것처럼, 그들은 정당화되고, 다른 이들은 그들을 부러워하며, 나도 그리하리라 결단까지 합니다.

그러나 세겜의 성읍에서 생긴 일을 하나님의 시각에서 보면 그와 전혀 다릅니다. 숙곳에 정착키로 한 야곱의 결정에는 스스로 판 함정이 있었습니다. 그 함정은 누구도 몰랐습니다.

"야곱은 숙곳에 이르러 자기를 위하여 집을 짓고 그의 가축을 위하여 우릿간을 지었으므로 그 땅 이름을 숙곳이라 부르더라"(창 33:17).

여기서 "자기를 위하여 집을 지었다"는 구절을 주목해야 합니다. 성경에는 빈 말이 없습니다. 분명한 의도가 있습니다. 집을 짓는 것은 사람으로서 당연한 것이고, 좋은 집에 살려는 것은 모든 사람들의 바람입니다. 야곱이 하나님의 사람이라고 해서 아무렇게나 살아야 하는 것은 아닙니다. 그런데도 성경에 '자기를 위하여'라는 말을 굳이 삽입해 넣었음을 주목할 필요가 있습니다.

하나님이 야곱을 부르신 데는 분명한 목적이 있습니다. 하나님은 벧엘에서 이렇게 말씀하셨습니다.

"너를 이끌어 이 땅으로 돌아오게 할지라. 내가 네게 허락한 것을 다 이루기까지 너를 떠나지 아니하리라"(창 28:15).

"너를 이끌어 이 땅으로 돌아오게 할지라."

여기서 이 땅은 바로 '벧엘'입니다.

벧엘은 야곱에게 보여주신 하나님의 목표입니다. 야곱은 꿈으로 보여주신 하나님의 약속에 동의했고 서원까지 했습니다. 그러므로 벧엘에 반드시 가야 합니다. 벧엘은 하나님이 지시하시는 곳입니다.

세겜에서 야곱의 아들들이 행한 일, 복수를 위하여 할례를 악용한 일은 그들이 아직도 갈 길이 멀고 먼 존재임을 드러냅니다. 결정의 기준은 여전히 자신들의 이득입니다. 하나님의 거룩한 할례를 야비한 책략으로 사용했습니다. 하나님의 지혜를 부귀와 안녕을 위해 악용했습니다. 그들의 관심은 여전히 땅에서의 번영입니다.

결정적인 실패가 오기 전에, 스물아홉 건의 경미한 실패들과 300건의 전조前兆들이 있다고 합니다. 이것을 '하인리히 법칙'이라고 말합니다.

삼풍백화점은 당시 최고의 백화점이었습니다. 국내 재벌들의 백화점을 이기는 유일한 백화점이었습니다. 그때까지도 기독교인 기업주는 이것을 하나님의 도우심이요, 큰 축복이라고 생각했습니다. 붕괴 사고가 나기 전에 이미 여러 건의 크고 작은 균열들이 생겼습니다. 수십 차례 경고를 했지만 설마 무너지랴 하는 생각에 이 경고들을 무시하고 참사 당일에도 영업을 계속했습니다.

이 건물은 처음 착공할 때부터 수백 건의 비리가 있었습니다. 뇌물이 오갔습니다. 그 과정에서 철근과 콘크리트는 규정에 미달했고 이것이 이미 실패를 예고하는 전조들이었습니다. 누군가가 그 기분 나쁜 전조에 대하여 몸으로 거부하였다면 수백 명의 목숨을 잃는 참담한 실패는 방지할 수 있었을 것입니다.

하인리히 법칙은 인생에도 그대로 적용됩니다. 결정적인 실패로 인한 회생 불능의 상태에 빠지기 전에 스물아홉 건의 자잘한 실패와 300건의 전조들이 이미 있었습니다. 이 전조들 중의 하나라도 심각하게 받아들였다면 그 참담한 실패는 미연에 방지할 수 있었을 것입니다.

야곱의 아들들은 승리에 환호성을 올렸으나, 야곱은 그 승리가 '재앙의 전조'임을 알아차렸습니다. 야곱은 그 아들들에게 이렇게 말합니다.

"너희가 내게 화를 끼쳐 나로 하여금 이 땅의 주민 곧 가나안 족속과 브리스 족속에게 악취를 내게 하였도다. 나는 수가 적은즉 그들이 모여 나를 치고 나를 죽이리니 그러면 나와 내 집이 멸망하리라"(창 34:30).

아버지의 걱정 앞에 야곱의 아들들은 퉁명스럽게 이런 말을 던졌습니다. "그가 우리 누이를 창녀같이 대우함이 옳으니이까." 승리를 칭찬하지 않고 앞날을 걱정하는 아버지 야곱이 쫀쫀해보였을 것입니다. 그러나 그들은 아직도 자신들이 저지른 일이 무슨 일인지 모르고 있습니다.

걱정으로 고민하는 야곱에게 하나님이 나타나셔서 조용히 이렇게 말씀하십니다.

"일어나 벧엘로 올라가서 거기 거주하며 네가 네 형 에서의 낯을 피하여 도망하던 때에 네게 나타났던 하나님께 거기서 제단을 쌓으라"(창 35:1).

세겜을 떠나 벧엘로 가라는 것입니다. 이것이 유일한 해결책이라는 것입니다.

이에 야곱은 그의 식솔들에게 다음과 같이 명령합니다.

"너희 중에 있는 이방 신상들을 버리고 자신을 정결하게 하고 너희들의 의복을 바꾸어 입으라. 우리가 일어나 벧엘로 올라가자. 내 환난 날에 내게 응답하시며 내가 가는 길에서 나와 함께하신 하나님께 내가 거기서 제단을 쌓으려 하노라"(창 35:2-3).

이러한 야곱의 결정을 보면서 야곱이 왜 위대한 하나님의 사람인 줄 알게 됩니다. 그는 언제나 하나님의 의도를 즉각적으로 정확히 파악했습니다. 하나님이 무엇을 원하시는지 바로 깨달았습니다. 야곱은 영민한 사람이기도 했지만, 무엇보다 영적으로 민감한 사람이었습니다.

야곱의 아들들은 아버지의 말씀을 못 알아들었습니다. "아니, 떠나다니요? 이제 세겜은 우리 땅인데. 뭐가 두렵습니까?" 아버지 야곱이 쫀쫀해보이더니, 이제는 겁쟁이로까지 보입니다.

그러나 야곱이 취한 조치는 세겜 지방 사람들의 반격에 대비한 것이 결코 아닙니다. 벧엘에서 단을 쌓으라는 하나님의 명령에 따르기 위함입니다. 단을 쌓는다는 것은 하나님과의 관계 정립입니다. 이미 그들은 세겜 땅을 정복하고 소유하였습니다. 하지만 이것은 소유보다 중요한 하나님과의 관계 정립을 위한 조치였습니다.

단호한 야곱의 명령에, 식솔들은 자신들이 보관하고 있던 드라빔과 같은 이방 신상들과 귀고리들을 모아 세겜 근처 상수리나무 아래 묻었습니다. 드라빔은 손 안에 들어가는 작은 신상이며, 귀고리는 그 신神에 속해 있음을 상징하는 장식품입니다. 야곱은 그것들을 땅에 묻게 하였고 식솔들에게 몸을 씻어 정결케 하고 의복을 갈아입게 했습니다. 이 모든 조치들은 세상과 과거로부터의 단절을 다짐하는 의식이었습니다.

야곱은 식솔들을 거느리고 하나님이 가라 하시는 벧엘을 향하여 길을 떠났습니다. 양 100마리 값을 치르고 산 땅도 깨끗이 포기해 버렸습니다.

세겜에서 벧엘로 가는 것은 단순히 지리적으로 이동하는 것이 아닙니다. 본토 친척 아비 집에 의존하며 살아가는 삶으로부터의 단절입니다. 눈앞의 이익을 구하고, 당하면 복수하고, 복수하면 두 손 들고 환호하고, 승리하면 거드름 피우며 사는 삶에서 떠나는 것입니다.

하나님은 우리 모두를 불러 "가라" 하십니다. 이것이 모든 인간에게 주어진 '일반 소명'입니다. 하나님이 가라 하시는 곳은 사람에 따라 각각 다릅니다. 이것이 '특별 소명'입니다. 내게 주어진 특별 소명을 찾아내고 이루는 것이 인생입니다.

하나님이 가라 하시는 곳을 향해서 평생 동안 열심히 가야 합니다. 중도에 멈추는 것은 세겜에 머무는 것이며, 어두움에 머무는 것입니다. 이것은 죄입니다.

죄는 악한 행위 이전에, 마음과 영혼의 불안한 상태를 의미합니다. 하나님의 과녁에 빗나가고 있기 때문에, 부르심의 목적에 타당하지 않은 삶을 살기 때문에, 먼저 영혼의 평정이 깨져버립니다.

어두움 속으로 들어가는 것이 죄입니다. 예수님은 여자를 보고 음욕을 품거나 형제를 미워하는 마음을 간음이나 살인으로 간주하셨습니다. 행위 이전의 혼란스런 마음의 상태를 죄로 보신 것입니다. 예수님의 이러한 판단은 벌을 주기 위함이 아닙니다. 우리로 하여금 어두움에 빠진 나 자신을 보고 더 큰 어두움에 빠지지 않도록, 더 늦기 전에 빛으로 인도하시기 위한 깊은 배려입니다.

세겜에서의 정착은 하나님의 과녁으로부터 빗나간 것이었습니다. 야곱은 벧엘로 향함으로써 그 궤도를 수정했습니다.

성경에는 하나님의 부르심의 다양한 목적이 기록되어 있습니다.

"너희를 불러 그의 아들 예수 그리스도 우리 주와 더불어 교제하게 하시는 하나님은 미쁘시도다"(고전 1:9).

"형제들아 너희가 자유를 위하여 부르심을 입었으나 그러나 그 자유로 육체의 기회를 삼지 말고 오직 사랑으로 서로 종 노릇 하라"(갈 5:13).

"너희는 평강을 위하여 한 몸으로 부르심을 받았나니 너희는 또한 감사하는 자가 되라"(골 3:15).

"선을 행함으로 고난을 받고 참으면 이는 하나님 앞에 아름다우니라. 이를 위하여 너희가 부르심을 받았으니 그리스도도 너희를 위하여 고난을 받으사 너희에게 본을 끼쳐 그 자취를 따라오게 하려 하셨느니라"(벧전 2:20-21).

"모든 은혜의 하나님 곧 그리스도 안에서 너희를 부르사 자기의 영원한 영광에 들어가게 하신 이가 잠깐 고난을 당한 너희를 친히 온전하게 하시며 굳건하게 하시며 강하게 하시며 터를 견고하게 하시리라"(벧전 5:10).

"너희는 택하신 족속이요 왕 같은 제사장들이요 거룩한 나라요 그의 소유가 된 백성이니 이는 너희를 어두운 데서 불러내어 그의 기이한 빛에 들어가게 하신 이의 아름다운 덕을 선포하게 하려 하심이라"(벧전 2:9).

주님과 교제하고, 사랑으로 서로 섬기며, 고난 가운데서도 평강을 지키고 감사하며, 역경을 인내로 이기고, 하나님의 영광으로 돌입하기 위하여 부름을 받은 존재들이 성도들입니다.

여러분은 혹시 세겜 땅에서 흰 코끼리 사육에 몰두하고 있진 않습니까?

18강 | 창세기 37:3-11

꿈꾸는 아이

꿈이 크면 클수록 역경도 비례하여 커집니다.
하나님의 꿈은 더욱 그 저항이 큽니다.
파괴의 영, 죽음의 영, 사탄이
그 꿈에 대항하고 있기 때문입니다.
생명의 영이신 하나님의 꿈이 실현되는 날,
수많은 영혼들이 살아나기 때문입니다.

The Story of
Heaven

한 소년이 명궁이 되고 싶어 스승을 찾았습니다. "활쏘기를 가르쳐주십시오." 그래서 그분의 문하에 들어갔는데, 스승님은 집안일만 시키는 것이었습니다. 한 해 두 해 지나고, 여러 해가 지났지만 여전히 스승님은 활쏘기를 가르쳐주지 않았습니다. 그래서 여러 번 중도에 포기하려 했지만 소년은 참고 견디었습니다. 그러던 어느 날, 스승님이 불렀습니다. "그동안 너를 지켜보았다. 잘 참고 견디었다. 이제 너에게 활쏘기를 가르쳐주겠다." 그래서 너무도 기뻐 잔뜩 기대하고 기다렸는데, 스승님이 꺼내주는 것은 좁쌀 한 알이었습니다. 그것을 창호지 문에다 붙여놓고는 열 발쯤 떨어져 그 좁쌀을 하루 종일 바라보게만 했습니다.

무릎을 꿇고 그 좁쌀을 바라보고 있으려니 죽을 맛이었습니다.

스승님은 간간이 이렇게 물었습니다. "보이느냐?" 소년이 졸면 회초리로 등을 사정없이 내리쳤습니다. 그러고는 소리칩니다. "보이느냐?" 이 소년은 스승님이 왜 그런 질문을 하는지 영문을 알지 못했습니다. 작은 좁쌀이 보였다가 안 보였다가 하는데, 그때마다 대답합니다. "네, 보입니다." 매 맞기가 싫어 거짓말을 한 것입니다.

그러던 어느 날, 이게 웬일입니까? 그 좁쌀이 갑자기 엽전만 하게 보이다가 보름달만 하게 보이기 시작하는 것이 아니겠습니까? 너무나 신기하고 기뻐 소리쳤습니다. "보입니다. 스승님!" 그 소리에 스승님이 묻습니다. "그래, 무엇을 보았느냐?" "네, 보름달입니다." 그러자 스승님이 이렇게 말했습니다. "이제 되었으니 하산하거라." 좁쌀이 보름달만 하게 보이게 되었으니, 그 어떤 과녁도 맞출 수 있다는 것입니다.

활쏘기에서 좋은 활과 화살을 준비하는 것보다 더 중요한 것은 과녁을 확인하는 것입니다. 그런데 사람들은 먼저 좋은 화살과 활을 준비하는 데 열을 올립니다. 그러나 아무리 좋은 것을 마련하였다 해도 과녁을 확인하지 못하면, 그 활과 화살은 무용지물이 되어 버립니다. 그러나 과녁에 집중하여 좁쌀만 한 과녁이 보름달처럼 크게 보이면, 활과 화살의 질은 전혀 문제 되지 않습니다.

진정한 창조는 두 번의 과정을 거쳐 이루어집니다. 먼저 '정신적인 창조mental creation' 입니다. 마음으로, 정신으로 먼저 그려보는 것입니다. 그러고 난 다음에 진정한 '물질적인 창조physical creation' 가 일어납니다. 이것을 '거듭난다'고 말합니다.

먼저 영적으로 눈을 떠 예수 그리스도를 볼 수 있어야 합니다. 영적으로 눈을 뜬다는 것은 좁쌀이 보름달만 하게 보이게 되었다는 것이요, 정신적인 창조가 일어났다는 것입니다.

또한 영의 귀가 열려 하나님의 말씀이 들려야 합니다. 말씀이 들려올 때, 나를 향하신 하나님의 뜻을 알게 됩니다. 그리면서 서서히 하나님이 보여주시는 꿈이 보이기 시작합니다. 이것이 반드시 선행되어야 합니다. 그래서 하나님의 말씀을 주야로 묵상하여야 합니다. 바로 이것이 하나님의 꿈과 비전, 즉 하나님의 과녁을 확인하는 일입니다.

신앙 생활에서 하나님의 과녁을 확인하는 일은 핵심 중의 핵심입니다.

한 청년이 해병대에 자원 입대했습니다. 그렇게 한 목적은 훌륭한 목회자가 되기 위해서였습니다. 자기와의 싸움에서 이기고 싶다는 것입니다. 청년들의 꿈 이야기를 듣는 것처럼 즐거운 일이 없습니다. 그리고 그 꿈을 이루기 위해 정진하는 모습은 이 세상에서 가장 아름답습니다.

야곱의 막내아들 요셉이 열 명의 형들에게 자신이 꾼 꿈을 이야기합니다. "우리가 밭에서 곡식 단을 묶더니 내 단은 일어서고 당신들의 단은 내 단을 둘러서서 절하더이다"(창 37:7).

요셉이 이번에는 아버지 야곱과 형들에게 자신이 꾼 꿈 이야기를 합니다. "해와 달과 열 한 별이 내게 절을 하더이다"(창 37:9). 요셉이 얼마나 꿈을 잘 꾸었는지, 그의 별명이 '꿈꾸는 자'였습니다. 형들이 붙여준 별명이었습니다.

창세기 37장은 이렇게 시작합니다. "야곱의 족보는 이러하니라. 요셉이 십칠 세의 소년으로서." 이상합니다. 야곱의 약전, 즉 아버지 야곱의 생애를 설명하면서, 열일곱 살 난 아들 요셉의 이야기를 하고 있습니다.

여기에 담긴 뜻은 과연 무엇일까요?

아버지 야곱의 생애가 요셉의 꿈에 의해서 진정으로 시작되었다는 뜻입니다. 야곱도 하나님의 사람으로서 그 험난한 인생길을 신앙으로, 하나님의 약속을 붙잡고 이겨냈습니다. 위대한 인생을 살았습니다. 그러나 아직 야곱은 하나님이 원하시는 것을 이루지 못했다는 것입니다. 아들 요셉이 꿈꾸기 시작한 그때부터 진정한 시작이라는 말입니다.

또 하나 기억해야 할 것이 있습니다. 열일곱 살 이전의 요셉에게 성경은 아무런 관심을 보이지 않습니다. 왜일까요? 꿈을 꾸지 않았기 때문입니다. 진정한 꿈을 꾸는 그때부터 진정한 삶을 사는 것이기 때문입니다.

나이듦이 슬픈 것은 더 이상 꿈을 꾸지 않는다는 데 있습니다. 꿈꾸지 않는 사람은 살아도 죽은 것이나 다름없습니다.

쉰 살의 한규흠 씨는 초등학교도 나오지 못한 분입니다. 그런데도 현재 모 전문대학 자동차학과 교수로 학생들을 가르치고 있습니다. 그의 별명은 '광택 박사'입니다. 대못으로 긁힌 상처도 그의 손을 거치면 감쪽같이 사라져버리기 때문입니다. 집이 가난하여 세차장에서 일하던 그는 한 꿈을 꾸기 시작했습니다. "광택에 관한 한 우리나라 일인자가 되자"는 것입니다. 그는 더 이상 세차장에서 물을 뒤집어쓰고 일하는 따분한 일꾼이 아닙니다. 일하는 차원이 달라진 것입니다. 과학자가 연구실에서 실험하듯이, 그는 세차장에서 연구에 연구를 거듭했습니다. 그렇게 살아온 결과, 그는 전문대학 교수가 되었습니다.

꿈은 어떤 열악한 환경도, 어떤 높은 장애도 돌파하는 힘이 있습니다. 세상의 꿈도 이런 힘이 있는데, 하물며 하나님이 주신 꿈은 얼마나 힘이 있겠습니까? 하나님의 꿈을 구하십시오. 하나님의 비전을 보십시오.

이제부터, 하나님이 요셉의 꿈을 어떻게 이루어가시는지 살펴봅시다.

"요셉은 노년에 얻은 아들이므로 이스라엘이 여러 아들들보다 그를 더 사랑하므로 그를 위하여 채색 옷을 지었더니"(창 37:3).

이 문장에는 여러 가지 의미가 내포되어 있습니다.

이스라엘은 곧 야곱입니다. 그런데 왜 열한 번째 아들인 요셉을 다른 아들보다 사랑했을까요? 그 이유는 야곱이 사랑한 라헬의 첫째 아들이었기 때문입니다. 또 채색 옷을 입혔다는 것은 편애하여 좋은 옷을 입혔다는 뜻이 아닙니다. 채색 옷은 장자권을 상징합니다.

열왕기하 2장 9절 이하에 이런 이야기가 있습니다. 엘리사는 엘리야 선지자의 제자인데, 스승에게 "당신의 성령이 하시는 역사가 갑절이나 내게 있게 하소서"라고 부탁합니다. 그러나 엘리야는 묵묵무답. 그때 갑자기 하늘에서 불 말과 불 수레가 나타나서는 엘리야가 그것을 타고 승천해버립니다. 그 와중에 엘리야는 자신이 입던 옷을 땅으로 홱 던집니다. 엘리사는 그 옷을 취하고 엘리야의 뒤를 이어 이스라엘의 선지자가 됩니다. 바로 그 옷이 장자권을 상징하는 채색 옷입니다. 장자에게는 다른 사람보다 두 배의 축복이 허락됩니다. 그래서 엘리사가 스승 엘리야의 갑절의 영감을 구하였던 것이고, 그것을 허락받은 것입니다.

야곱은 둘째 아들이었지만 장자권에 목숨을 걸었던 사람입니다. 그래서 비록 편애이지만 가장 사랑하는 아들 요셉에게 장자권을 준 것입니다. 채색 옷과 함께 요셉에게 입힌 것이 있습니다. 바로 꿈입니다. "네가 비록 열한 번째 아들로 태어났으나 장자가 되거라."

우리 하나님 아버지도 예수 그리스도를 통하여 우리에게 믿음의 장자가 되는 꿈을 심어주셨습니다. "하나님이 미리 아신 자들을 또한 그 아들의 형상을 본받게 하기 위하여 미리 정하셨으니 이는 그로 많은 형제 중에서 맏아들이 되게 하려 하심이니라"(롬 8:29).

하나님이 미리 아신 자들은 곧 성도들입니다. 하나님은 성도들로 하여금 예수 그리스도의 형상을 본받게 하십니다. 그 목적은 다른 사람의 영적 맏아들이 되도록 하기 위해서입니다.

세상의 맏아들은 한 집안에 한 사람입니다. 맏아들이 죽지 않는 이상, 그 자리를 차지할 수 없습니다. 그러나 믿음의 맏아들, 영적 장자는 아무런 제한이 없습니다. 믿음의 맏아들이 되는 것이 신앙생활의 본질입니다.

"네가 비록 가난한 집안에서 태어났으나 믿음의 장자가 되거라."

"네가 비록 머리는 좋지 않지만, 하나님의 꿈을 이루는 믿음의 장자가 되거라."

"네가 비록 몸은 약하지만 하나님께 영광을 돌리는 믿음의 장자가 되거라."

그런 꿈을 심어주는 것이 부모의 역할입니다.

요셉의 첫 번째 꿈은, 형제 중에 존귀한 자, 영적 리더가 되리라는 하나님의 약속입니다. 두 번째 꿈은, 그 부모도 존경하는 아들, 그 집안뿐만 아니라, 나라와 온 세계를 구원하는 위대한 지도자가 되리라는 하나님의 비전입니다.

꿈이 크면 클수록 역경도 비례하여 커집니다. 하나님의 꿈은 더욱 그 저항이 큽니다. 파괴의 영, 죽음의 영인 사탄이 그 꿈에 대항하고 있기 때문입니다. 생명의 영이신 하나님의 꿈이 실현되는 날, 수많은 영혼들이 살아나기 때문입니다. 사탄은 요셉이 꾸는 하나님의 꿈을 좌절시키고 저지하기 위하여 요셉의 형들을 동원합니다.

형들은 아버지가 요셉을 편애하는 것을 시기했습니다. 시기는 단순한 것이 아닙니다. 늦게 얻은 아들이 아버지의 사랑을 받는 일은 흔한 일입니다. 다 큰 형들은 그런 아버지의 사랑을 당연하게 여길 수도 있습니다. 속 좁은 형들이나 그런 편애를 눈꼴 사나워할 뿐입니다. 문제는 채색 옷, 즉 장자권에 있었습니다. 그래서 모든 형들이 요셉을 시기했습니다. 사탄은 그러한 형들의 전폭적인 시기와 질투를 사용했습니다.

어느 날, 요셉은 아버지의 심부름을 하기 위하여 길을 나섭니다. 당시 양 떼를 돌보는 것은 풀을 찾아 먼 곳까지 떠나야 하는 일이었습니다. 그래서 형들을 찾아 요셉은 세겜에서 다시 도단으로 헤매야 했습니다. 드디어 형들이 있는 곳에 당도했습니다.

멀리서 자신들을 향하여 오는 요셉을 발견한 형들이 말합니다.

"꿈꾸는 자가 오는도다"(창 37:19).

그들은 요셉을 죽이기로 마음을 먹고 음모를 꾸밉니다. 그 음모는 요셉을 한 웅덩이에 던져 묻어버리는 것이었습니다. 형들이 음모를 꾸미며 던진 말에 주목해야 합니다.

"그의 꿈이 어떻게 되는지를 우리가 볼 것이니라"(창 37:20).

형들이 요셉을 구덩이에 던지고 있지만, 사실은 사탄이 하나님의 꿈을 땅에 묻는 것입니다.

형들은, 아무것도 모른 채 형들을 발견하고 반가운 마음으로 한걸음에 달려오는 요셉을 결박하고는 웅덩이에 던져버렸습니다. 요셉은 영문도 모른 채, 그 웅덩이에서 소리를 쳤을 것입니다. "형님들, 이 무슨 일입니까? 저를 어찌하시려고 이러십니까?"

요셉은 울면서 빌고 또 빌었을 것입니다. 그러나 형들은 요셉의 비명을 그저 즐기고 있었습니다. 성경은 형들이 "음식을 먹고 있었다"고 전하고 있습니다. 이미 이들은 사탄의 하수로 전락하여 그 부추김에 완전히 놀아나고 있었습니다.

하지만 그런 상황을 그대로 놔두실 하나님이 아니십니다. 절박한 상황에서 하나님은 여러 가지 포석을 놓아 요셉을 지켜주셨습니다. 먼저 한 무리의 대상大商들을 그들 곁으로 지나가게 하셨습니다. 이들은 약대를 몰고 이집트를 향하여 가는 무역상들이었습니다. 또 하나의 조치로, 넷째 형 유다의 마음을 움직이셨습니다. 유다가 말합니다. "우리가 우리 동생을 죽이고 그의 피를 은닉한들 무엇이 유익할까?" 그래서 형들은 그 무역상들에게 은 이십을 받고 요셉을 노예로 팔아버렸습니다.

당시 노예의 값은, 여자 성인과 소년은 은 이십, 성인 남자는 은 삼십이었습니다. 인플레이션이 없었던 당시였으므로, 가룟 유다가 예수님의 몸값으로 받은 돈도 은 삼십이었습니다.

시편 기자는 이렇게 하나님의 보호하심을 노래합니다.

"내가 여호와를 기다리고 기다렸더니 귀를 기울이사 나의 부르짖음을 들으셨도다. 나를 기가 막힐 웅덩이와 수렁에서 끌어올리시고 내 발을 반석 위에 두사 내 걸음을 견고하게 하셨도다"(시 40:1-2).

남도 아닌 혈육에 의해서 던져진 그 기가 막힌 웅덩이에서 울부 짖는 요셉을 하나님이 구원해주셨습니다.

우리는 이렇게 생각합니다. "하나님을 믿으면 모든 위험과 역경을 피하게 하신다." 이것은 착각 중의 착각입니다. 하나님이 원하시는 것은 성도들의 편안하고 안락한 삶이 아닙니다. 하나님의 사람들이 하나님의 꿈을 이루는 것입니다. 하나님의 꿈을 이루기 위해서는 반드시 훈련이 필요합니다. 훈련이 생략된 꿈은 공상입니다. 훈련은 큰 그릇으로 만듭니다. 하나님의 꿈을 구체화, 현실화시킵니다. 그리하여 큰 그릇으로 큰 하나님의 꿈을 이 땅에서 이루게 하십니다.

하나님이 요엘 선지자를 통하여 말씀하십니다. "그 후에 내가 내 영을 만민에게 부어주리니 너희 자녀들이 장래 일을 말할 것이며 너희 늙은이는 꿈을 꾸며 너희 젊은이는 이상을 볼 것이며"(욜 2:28).

요셉은 아버지 품을 떠나, 울며불며 쓰디쓴 고난의 길을 떠났습니다. 그 길은, 모든 영혼을 구원하기 위하여 주님이 걸어가신 '비아 돌로로사 *Via Dolorosa*' 또 다른 십자가의 길이었습니다.

요셉은 모르고 있었으나, 그가 한 걸음 옮길 때마다, 하나님의 꿈은 실현되어갔습니다. 나는 모르고 있지만, 내가 당한 고난은 하나님의 꿈을 실현해가는 과정입니다. 내가 예수님을 가장 사랑하고 있다면.

뜬금없는 불륜 이야기

세상에서 주어지는 조건은 별다른 의미가 없습니다.
만약 세상의 조건에 의해 구원이 결정된다면,
하나님의 은혜는 더 이상 은혜일 수 없습니다.

The Story of
Heaven

어느 주일 아침, 교회에 출근하고보니 지갑을 집에 놔두고 왔다는 것을 알게 되었습니다. 그래서 아들에게 교회에 오는 길에 지갑을 가지고 오라고 부탁했습니다. 집에서 교회까지는 큰 길 하나만 건너면 됩니다. 그런데 그 짧은 길을 오는 동안, 아들은 그만 그 지갑을 잃어버리고 말았습니다. 돈만 분실하면 그만이지만, 신용카드들과 운전면허증, 그리고 주민등록증까지 분실 신고를 하고 재발급을 받아야 했습니다. 여간 번거로운 것이 아니었습니다. 그래도 참고 넘어갔습니다. 그런데 다음날 아들은 제 누나의 휴대폰을 분실했습니다. 어처구니가 없고 맥이 탁 풀렸습니다.

'어처구니'는 맷돌의 아래와 위를 연결하는 축입니다. 어처구니가 없으면 맷돌이 헛돌아버립니다. 또, '맥 빠진다'는 말은 중심을 잃어버린다는 말입니다. 맥脈은 눈에 보이지 않지만 본질을 형성하는 가장 중요한 것입니다.

하나님의 말씀인 성경에도 당연히 전체를 관통하는 맥이 있습니다. 그 맥을 찾아야 합니다. 신학자마다, 목사마다 나름대로 성경의 맥을 설명합니다. 그 찾아낸 맥이 곧 그 사람의 신학이 됩니다. 신학은 반드시 있어야 합니다. 맥이 없는 목회, 신학이 없는 목회는 대단히 위험합니다. 개인의 자의적인 해석으로 인하여 하나님의 의도가 왜곡되고, 왜곡된 하나님의 말씀은 사람의 영혼을 병들게 만들기 때문입니다.

그런데 또 하나 주의해야 할 것이 있습니다. 신학이 때로는 하나님의 말씀을 옭아매기도 한다는 점입니다. 그러므로 맥을 찾고 신학을 정립하되, 언제나 하나님의 말씀 앞에 겸손한 마음으로 서서 그 말씀을 경청해야 합니다. 하나님의 말씀으로 하여금 내가 찾은 맥을 교정하도록 그 가능성을 항상 열어놓아야 합니다.

하나님은 '사랑과 진리'로 '나'를 통하여 '창조'해가시고, 사탄은 '거짓과 증오'로 '나'를 통해 '파괴'해갑니다. 이것이 제가 찾은 성경의 맥입니다.

하나님의 처사는 그 겉모습이 잔혹해 보이고 고통스러운 것일지라도, 하나님의 사랑에서 기인한 것이며, 그것은 나를 살려내고 창조하기 위함입니다. 사탄의 모든 행사는, 아무리 겸손하고 논리와 설득력이 있으며 대단해 보여도, 나에게 증오심을 부추기는 것이며, 그 최종 목적은 나 및 나와 관련된 모든 것을 파괴하는 것입니다.

성경의 내용을 폄하하고 비판한다면 하나님을 볼 수 없습니다. 한편으로는 문자에 집착하여도 하나님을 볼 수 없습니다. 이러한 기록을 남기게 하신 하나님의 의도가 무엇인지, 하나님의 시각에서 성경의 내용을 파악해야 합니다. 성경은 당연히 인간의 상식에서 벗어난 책입니다. 하나님의 시각으로 사건과 사물을 다루고 있기 때문입니다. 바로 그 점을 보아야 합니다.

사람들이 대단히 중요하다고 생각하는 것을 성경은 단 몇 줄에 기록하고, 반대로 사람들이 하찮게 여기는 일을 대단히 자세하게 기록해놓고 있습니다.

예를 들어보겠습니다. 이스라엘이 남왕국 유다와 북왕국 이스라엘로 분열되고 난 다음, 북왕국 이스라엘에 한 위대한 왕이 등장합니다. 이스라엘의 7대 왕 오므리입니다. 그는 분열된 왕국을 중흥시키기 위하여 여러 가지 현명한 조치를 취했습니다. 먼저 난공불락의 성 사마리아를 도읍으로 정했고, 남왕국 유다와는 평화 조약을 체결하여 국력을 낭비하는 일을 사전에 방지하고, 부국강병책을 실시하여 에돔을 속국으로 삼아 주변을 평정했습니다. 이것은 다윗 솔로몬 이래로 전무후무한 일입니다. 그의 명성은 멀리까지 퍼져서, 다른 나라들은 오랫동안 이스라엘을 '오므리 집안'으로 불렀습니다.

그런데 성경에는 그 위대한 왕의 업적을 열왕기상 16장 23절 이하의 단 여섯 절을 할애했을 뿐이고, 그 평가는 다음과 같이 대단히 부정적인 것이었습니다. "오므리가 여호와 보시기에 악을 행하되 그 전의 모든 사람보다 더욱 악하게 행하여 느밧의 아들 여로보암의 모든 길로 행하며, 그가 이스라엘에게 죄를 범하게 한 그 죄 중에 행하여 그들의 헛된 것들로 이스라엘의 하나님 여호와를 노하시게 하였더라"(왕상 16:25-26). 여기서 설명을 그치고 있습니다. 오므리 왕이 위대하다고 생각한 업적을 하나님은 한마디로 '헛된 것'이라고 하시면서 하나님의 노를 격발했을 뿐이라고 말씀하십니다.

성경은 하나님의 뜻이 무엇인지 밝힌 책입니다. 그러므로 언제든지 성경을 읽으며 하나님의 의도가 무엇인지 잘 살피셔야 합니다.

성경에는 때때로 전혀 관련 없는 사건이 불쑥 등장하기도 합니다.

창세기 36-37장은, 형들의 미움을 받아 미디안 사람에게 팔려가는 꿈꾸는 청년 요셉에 관한 이야기입니다. 37장은 요셉이 이집트의 시위대장 보디발의 노예로 팔린 일로 끝을 맺고 있습니다. 그리고 38장에는 뜬금없이 시아버지 유다와 며느리 다말이 벌인, 대단히 불쾌한 사건이 기록되어 있습니다. 그러고는 39장에서, 보디발의 집안에서 살아가는 요셉의 이야기가 계속됩니다. 요셉 이야기의 맥을 끊어놓은 것입니다. 정말 '어처구니' 없는 일입니다.

사자 이야기를 열심히 하다가 느닷없이 돌멩이 이야기를 한다면, 이 사람에게 문제가 있다고 생각할 것입니다. 그러나 하나님은 문제가 없는 분입니다. 하나님의 의도는 무엇일까요?

유다와 다말의 사건은 단순히 시아버지와 며느리가 벌이는 불륜의 사건이 아닙니다. 그렇다고 다말에게 하나님의 자손의 씨를 이어나가게 하기 위한 거룩한 의도가 있었던 것도 아닙니다. 다말은 그저 당시의 관습에 따라 자신의 아이를 갖겠다는 인간적인 의도가 있었고, 그 욕심을 이루기 위한 인간적인 계략이 있었을 뿐이며, 다말의 계략에 유다가 말려들었던 것입니다. 그러므로 유다처럼 해서는 하나님의 축복을 받을 수 없다거나, 성도로서 그래서는 안 된다는 식의 해석은 하나님의 의도를 빗겨간 지엽적인 것입니다.

복잡한 미로迷路도 공중에서 보면 그 출구를 찾을 수 있습니다. 그와 마찬가지로 38장에 기록된, 맥을 끊는 유다와 다말 사건도 성경 전체에서 바라보면 그 맥을 찾을 수 있습니다. 그럼 그 맥을 살펴보도록 하겠습니다.

요셉의 이야기를 시작하면서 성경은 요셉의 꿈 이야기를 전해주고 있습니다. 이 꿈은 바로 하나님이 요셉에게 허락하신 '믿음의 장자권'을 의미합니다. 이 믿음의 장자권이 창세기 38장을 바르게 이해하게 하는 키워드입니다.

야곱의 열두 아들 중 첫 네 아들의 순서는 이렇습니다. 르우벤, 시므온, 레위, 유다의 순서입니다. 이것이 장자 계승권의 서열입니다. 그런데 장자 르우벤은 서모 빌하와 통간한 사건으로 장자권에서 멀어집니다. 또한 둘째, 셋째 아들인 시므온과 레위는 창세기 34장에 기록된 사건, 즉 할례를 빙자하여 디나에게 몹쓸 짓을 한 세겜의 집안을 몰살시킨 죄로 인해 장자권에서 떨어져 나갑니다.

이제 유다가 야곱 집안의 실질적인 장자가 되었습니다. 그러나 창세기 38장은, 유다가 장자권을 상실하게 된 과정을 자세히 보여줍니다.

유다는 먼저 가나안 사람 수아의 딸을 아내로 삼는 잘못을 범했습니다. 이방 여인과 결혼한 것입니다. 이방 여인과의 결혼은 이스마엘과 에서의 실패 원인이었습니다. 그러한 결혼이 문제가 아니라, 그런 결혼을 감행하는 그들의 생각이 문제인 것입니다. 하나님의 마음을 전혀 고려치 않았습니다. 에서가 장자권을 경홀히 여기듯, 유다도 동일한 태도를 가졌습니다.

그에게는 세 아들이 있었습니다. 엘과 오난과 셀라입니다. 유다는 큰 아들 엘을 다말이라는 가나안 여인과 결혼하게 했습니다. 그러나 엘은 하나님 목전에서 악했고, 하나님은 그의 생명을 거둬가셨습니다. 그래서 유다는 둘째 아들 오난으로 하여금 형수 다말을 아내 삼게 했습니다. 이것은 이상한 것이 아니라, 당시 당연히 여겼던 '계대 결혼법'입니다. 가문과 혈통을 중히 여겼던 고대 문화권에서, 후사 없이 죽은 형제의 대를 이어주기 위한 풍습입니다. 그러나 오난도 "형에게 아들을 얻게 하지 않게 하기 위하여" 땅에 설정泄精하는 잘못을 범했습니다. 하나님이 오난의 생명도 거둬가셨습니다. 이제 남은 것은 막내 아들 셀라였습니다.

셀라는 아직 어렸습니다. 그런데 유다는 그것을 핑계로 다말을 고향으로 돌려보냅니다. 그런데 유다의 속마음은 따로 있었습니다. 성경은 이렇게 전합니다. "셀라도 그 형들같이 죽을까 염려함이라"(창 38:11). 두 아들이 죽으니, 셀라마저 죽을까봐 그렇게 한 것입니다. 다말을 '아들 잡는 며느리'라고 생각했을 것입니다. 이것이 유다가 신앙이 전혀 없다는 명백한 증거입니다. 계속되는 불행의 원인을 하나님 앞에서 찾지 않았습니다.

유다의 불신앙을 보여주는 또 다른 증거가 있습니다.

가나안 여인이었던 아내가 죽은 다음, 유다는 딤나로 가게 되었습니다. 그곳에서 한 여인을 만나게 되는데, 그 여인은 거리의 여자로 변장한 며느리 다말이었습니다. 당시에는 두 종류의 거리의 여자가 있었습니다. 단순한 거리의 여자를 히브리어로 '조나zonah'라고 하고, 다른 종류는 '케데솨qedeshah'라고 불렀습니다. 그런데 '케데솨'는 엄청난 뜻을 가지고 있습니다. '거룩히 구별된 여자'라는 말입니다.

밤거리의 여자에게 이런 엄청난 이름이 붙여진 데는 그만 한 연유가 있습니다. 케데솨는 이방신 아스다롯을 섬기기 위해 헌신된 여자들입니다. 아스다롯은 생식력을 관장하는 여신입니다. 이 아스다롯의 은총을 케데솨의 몸을 통하여 받을 수 있다고 믿었습니다. 그러므로 그들과의 행위는 단순한 것이 아니라, 종교적 제의입니다. 거리낌 없이 합법적으로 매춘이 이루어진 것입니다.

오늘 본문에는 '조나'와 '케데솨', 두 단어가 모두 등장합니다. 그런데 다말은 단순한 거리의 여자 '조나'로 변장하였는데, 유다는 그녀를 '케데솨'로 알았다는 점입니다.

돈을 가지고 있지 않았던 유다는 다말과의 관계의 대가로 염소 한 마리를 주기로 약속했습니다. 그래서 다말은 유다와 관계하며, 유다의 도장과 끈과 지팡이를 증표로 확보해두었습니다. 며칠이 지나, 다말을 찾는 유다는 이렇게 묻습니다. "길 곁 에나임에 있던 창녀(케데쇄)가 어디 있느냐?" 그러자 그 딤나 사람들이 이렇게 대답합니다. "여기는 창녀(케데쇄)가 없느니라." 그러니까 단순한 거리의 여자인 '조나'는 있다는 뜻입니다. 유다는 다말을 아스다롯에게 속한 여자로 알았습니다. 단순한 이야기가 아닙니다. 두 아들과 아내마저 죽었으니 유다가 거리의 여자를 찾은 마음을 이해 못할 바도 아닙니다. 그런데 하나님을 믿는 유다가 이방신 아스다롯의 번영을 구하는 것은 도저히 용서할 수 없는 일입니다. 어찌되었건 유다는 이 성읍에는 아스다롯의 창녀가 없다는 말을 이상히 여기고 집으로 돌아와버렸습니다.

그리고 석 달이 지났습니다. 그런데 고향으로 돌려보낸 며느리 다말에 관한 나쁜 소문이 들려왔습니다. 그녀가 행음하여 잉태하였다는 소식이었습니다. 그러자 유다는 이때다 싶었는지, 대뜸 이렇게 말합니다. "그를 끌어내어 불사르라." 간음죄는 사형이기 때문입니다. 이미 셋째 아들 셀라가 장성하였음에도, 자신의 의무를 이행하지 않은 책임으로부터 벗어나고, 모든 책임을 다말에게 물을 수 있는 좋은 빌미를 잡은 것입니다. 그러나 다말은 그저 당하고만 있지 않았습니다. 유다로부터 확보한 물증을 내어놓은 것입니다. 그 물증을 본 유다는, 일말의 양심은 남아 있었는지, 자신의 잘못을 인정하고 뒤로 물러나버렸습니다.

그리고 달이 차자 다말은 아이를 낳습니다. 쌍둥이였습니다. 그런데 출산하는 과정에서 희한한 일이 벌어졌습니다. 첫 아이의 손이 먼저 나오자 산파는 얼른 그 아기의 손에 붉은 줄을 묶어주었습니다. 장자라는 표식입니다. 그만큼 장자가 중요한 것입니다. 머리보다 손이 먼저 나온 고로, 사고를 방지하기 위하여 손을 다시 밀어 넣었는데, 그 순간 순서가 바뀌어 둘째 아기가 먼저 나오는 일이 벌어졌습니다. 그래서 그에게 '베레스*perets*', 즉 '나오다'라는 뜻의 이름을 붙여주었습니다. 그리고 이어서 붉은 줄을 손목에 단 아기가 태어났습니다. 순서가 또 다시 역전된 것입니다.

이런 잡다하고 소소한 이야기를 통하여, 유다는 장자長子로서 자격이 없다는 것을 보여줍니다. 그런데 또 하나 중요한 것이 있습니다. 매우 중요한 것입니다.

마태복음 1장에는 예수 그리스도의 족보가 기록되어 있습니다.

"아브라함이 이삭을 낳고 이삭은 야곱을 낳고 야곱은 유다와 그의 형제들을 낳고 유다는 다말에게서 베레스와 세라를 낳고 베레스는 헤스론을 낳고 헤스론은 람을 낳고"(마 1:2-3).

놀랍게도 예수 그리스도는, 요셉의 혈통이 아닌, 유다와 베레스로 이어지는 혈통에서 출생했습니다. 시아버지와 며느리 사이에서 출생한 베레스가 하나님의 구속사의 주역으로 등장한 것입니다.

사도 바울은 이렇게 말합니다. "모든 사람이 죄를 범하였으매 하나님의 영광에 이르지 못하더니, 그리스도 예수 안에 있는 속량으로 말미암아 하나님의 은혜로 값없이 의롭다 하심을 얻은 자가 되었느니라"(롬 3:23-24).

창세기 38장의 사건을 통해 육신의 장자권은 무의미하다는 것을 성경은 재천명하고 있습니다. 이스마엘은 이삭보다 열세 살이 많았으나, 에서는 야곱보다 먼저 태어났으나, 르우벤과 시므온과 레위와 유다는 요셉보다 먼저 태어났으나, 장자의 표식인 붉은 줄은 세라가 가지고 있었으나, 모두 믿음의 장자권은 허락받지 못했음을 다시 확인하고 있습니다.

너무 복잡하다고 하시겠지만, 한마디로 말해서 세상에서 주어지는 조건은 별다른 의미가 없다는 것입니다. 만약 세상의 조건에 의해 구원이 결정된다면, 하나님의 은혜는 더 이상 은혜일 수 없습니다.

해바라기는 언제나 태양을 따라 움직입니다. 그래서 많은 튼실한 열매를 맺습니다. 믿음의 장자인 성도들은 언제나 오직 주님만을 바라보고 성실히 살아갑니다. 그러는 동안 참신앙의 튼실한 알곡을 추수할 수 있습니다.

20강 | 창세기 39:1-10

첩입니까, 조강지처입니까?

아무리 세상이 악해지고 각박해져도,
어딘가에는 참믿음, 참소망, 참사랑이 있습니다.
왜냐하면 모든 것의 바탕이 되는
참사랑의 원천은 바로 하나님이시며,
살아 계신 하나님이 그 사랑을
보존하시기 때문입니다.

The Story of
Heaven

소록도 나환자촌에는 한센병이라 불리는 문둥병에 걸린 남편을 따라와 함께 사는 건강한 아내들이 있습니다. 비록 문둥병에 걸렸지만 남편과 함께 고난을 기꺼이 감수하고 있는 것입니다. 그런데 병에 걸린 아내를 따라와 사는 남편들은 하나도 없다고 합니다. 아내의 사랑이 남편의 사랑보다 더 지고지순한가봅니다.

　로마군이 이스라엘의 예루살렘 성을 포위하고 항복을 강요했습니다. 오랫동안 포위를 풀지 않자 수많은 사람들이 성 안에서 죽어갔습니다. 로마 장군이 자비를 베풀어 어린이와 여자들은 풀어주기로 했습니다. 그리고 자신에게 가장 소중한 것 하나를 지참할 수 있도록 조치를 취했습니다. 성문이 열리고 어린이와 여자 들이 소지품을 하나씩 들고 성 밖으로 나왔습니다. 그런데 눈에 띄는 여인이 하나 있었습니다. 그 여인은 머리에 보자기로 싼 사람 몸체만한 커다란 짐을 힘겹게 이고 있었습니다. 한 로마 병사가 그 여인을 저지하고 그 짐을 풀어보라고 명령했습니다. 그 보자기 안에는 한 남자가 들어 있었습니다. 그 남자는 병색이 완연했습니다.

로마 병사는 반출 불가를 선언했습니다. 그러나 그 여인은 이렇게 말했습니다. "그대들의 장군은 가장 소중한 것 하나를 지참할 수 있게 허락했습니다. 비록 병이 들어 죽어가지만, 이 남자는 내게 가장 소중한 남편입니다." 그 말을 들은 장군은 감동했습니다. 그리고 남편을 데리고 나가는 것을 허락했습니다.

첩妾은 '서 있는 여자'라는 뜻입니다. 첩은 언제나 남자의 환심을 사려고 애를 씁니다. 첩의 일거수일투족은 보상을 바라고 요구합니다. 보상이 없으면 토라지고 화를 냅니다. 남자가 병이 들거나 돈이 떨어지면 떠나버립니다. 항상 떠날 생각과 준비를 하고 있습니다. 신앙 생활에도 그런 자세를 가진 사람들이 의외로 많습니다. 하나님의 환심을 사려고 총력을 기울이고, 축복을 받으면 '헤헤' 하고 좋아하다가, 조금만 어려운 일이 생기면 하나님이 자신을 잊어버리셨다고, 버리셨다고 생각합니다. 어려운 일이 계속되면 하나님을 원망하고 화를 냅니다. 그리고 마침내 하나님을 떠나버립니다.

조강지처糟糠之妻. 어려운 시절을 조악한 음식을 먹으면서도 남편과 함께 동고동락하는 아내를 말합니다. 남편을 사랑함으로 그 어려운 시절을 함께 버틴 것입니다. 진짜 사랑은 자기 유익을 구하지 않습니다. 사랑하는 사람의 유익을 위하여 기꺼이 자신을 포기합니다.

그런데 요즘에는 실직한 남편과 자녀들을 버리고 집을 떠나는 아내들의 이야기는 너무나 흔해, 이야깃거리도 되지 못할 정도입니다. 우리는 모두 참사랑에 목말라하고 있습니다.

참사랑을 애타게 찾고 계신 분이 또 한 분 있습니다. 바로 하나님이십니다.

"(사랑은) 진리와 함께 기뻐하며, 모든 것을 참으며, 모든 것을 믿으며, 모든 것을 바라며, 모든 것을 견디느니라"(고전 13:6-7).

참사랑은 참믿음의 다른 말입니다. 참사랑은 참소망의 또 다른 말입니다. 믿음, 소망, 사랑은 서로 다른 것이 아니라, 같은 것입니다. 그런데 그 모든 것의 바탕은 사랑입니다. 그래서 믿음, 소망, 사랑, 이 세 가지는 항상 있을 것인데 그중에 제일은 사랑이라고 말합니다.

주목해야 할 말씀은, '참믿음, 참소망, 참사랑은 항상 있다'는 것입니다. 아무리 세상이 악해지고 각박해져도, 어딘가에는 참믿음, 참소망, 참사랑이 있습니다. 왜냐하면 모든 것의 바탕이 되는 참사랑의 원천은 바로 하나님이시며, 살아계신 하나님이 그 사랑을 보존하시기 때문입니다.

하나님의 사랑은 우리 몸을 구성하는 100조의 작은 세포에 이르기까지 세심하며, 150억 광년이나 된다는 온 우주에 이르기까지 광대하십니다. 그 사랑은 언제 어디서나 존재합니다. 이름 모를 풀한 포기, 하늘을 나는 작은 새 한 마리도 바로 그 하나님의 사랑으로 살아가게 하십니다. 그런 하나님의 사랑이 정점에 이른 것이 바로 우리 사람들입니다.

요셉은 형들에 의해 노예로 팔려갑니다. 보디발의 집 노예가 되었습니다. 보디발은 이집트 황제의 시위대장으로서, 요즘 말로 하면 대통령 경호실장의 직책입니다. 그는 귀족이었으며 부자였습니다. 요셉은 형들을 원망하거나 분노하는 대신, 그곳에서 누구보다도 성실하게 일했습니다.

창세기 39장 전체에는 반복되는 구절이 있습니다. "여호와께서 요셉과 함께하시므로"라는 구절입니다. 사건이 새롭게 진행될 때마다, 이 구절이 첨가되고 있습니다.

보디발의 집에서 노예 생활을 시작했을 때에도, 여호와께서 함께하심으로 요셉의 통분한 마음을 달래시며, 새로운 일에 전념할 수 있도록 해주셨습니다. 일개 노예에게 눈을 돌릴 만큼 보디발은 한가하지 않았습니다. 그러나 주인이 있으나 없으나 한결같은 요셉의 성실함은 보디발의 마음을 감동시켰습니다. 그리고 요셉의 성실함은 인간으로부터 나온 것이 아닌, 어딘지는 알 수 없으나 세상이 아닌 다른 곳으로부터 오는 것임을 알게 되었습니다.

"그 주인이 여호와께서 그와 함께하심을 보고, 또 여호와께서 그의 범사에 형통하게 하심을 보았더라"(창 39:3).

그래서 보디발은 요셉을 노예를 총괄하는 가정 총무로 임명했습니다. 보디발이 본 것은 여기서 그치지 않습니다. 보디발이 본 것을 성경은 다음과 같이 기록하고 있습니다. "여호와께서 요셉을 위하여 그 애굽 사람의 집에 복을 내리시므로, 여호와의 복이 그의 집과 밭에 있는 소유에 미친지라"(창 39:5). 그래서 요셉을 자신의 청지기로 삼아, 자신이 먹는 음식 외에는 모든 것을 맡겨버렸습니다. "주인이 그의 소유를 다 요셉의 손에 위탁하고 자기가 먹는 음식 외에는 간섭하지 아니하였더라"(창 39:6).

요셉에 대한 보디발의 신뢰가 어떤 것인지 단적으로 보여주는 사건은 바로 보디발의 아내가 요셉을 모함한 사건입니다. 보디발은 요셉이 자신을 넘보았다는 아내의 말을 믿지 않았습니다. 노예의 생명은 주인의 손 안에 있습니다. 마음대로 죽일 수 있습니다.

아내에게 몹쓸 짓을 시도한 노예는 당연히 죽음을 당합니다. 그러나 보디발은 요셉을 감옥으로 보내는 것으로 징계를 대신했습니다. 그를 그만큼 신뢰하였기 때문입니다. 감옥에 가서도 여호와께서 요셉과 함께하셨습니다.

하지만 우리 마음속에는 여전히 찜찜한 것이 남아 있습니다. 하나님이 함께 하신들 무슨 소용이 있는가? 하나님이 함께하신다면, 요셉의 형편은 점점 더 나아져야 하는 것 아닌가? 요셉은 성실하였음에도 불구하고, 점점 더 나쁜 상황으로 떨어지고 있지 않은가?

요셉은 '하나님의 조강지처'입니다. 요셉은 보상 때문에 하나님을 믿은 것이 아닙니다. 하나님의 처사에 순종하며 묵묵히 따랐을 따름입니다.

참신앙의 씨앗은 믿음일 수도, 소망일 수도 있습니다.

아브라함은 '믿음'에서 출발했습니다. 그의 시작은 소망도 별로 없었고, 하나님을 사랑하는 마음도 없었습니다. 그저 "고향과 친척과 아버지의 집을 떠나 내가 네게 보여 줄 땅으로 가라"는 말을 믿고 떠났을 뿐입니다. 그 가는 여정 가운데, 믿음도 점점 굳건해졌고, 절망적인 상황에서도 소망을 가지게 되었으며, 마침내 모리아 산 정상에서 이삭보다 하나님을 더 사랑하는 자신을 보게 되었습니다. 이삭도 마찬가지입니다.

야곱은 '소망'에서 출발했습니다. 하나님은 야곱에게 벧엘에서 하늘 사닥다리 꿈을 보여주셨습니다. 그 꿈을 통하여 소망을 보며 모든 것을 참았습니다. 그 과정에서 자신을 도와주시는 하나님의 사랑의 손길을 확인했고, 여호와를 전적으로 신뢰하는 믿음이 생겼습니다. 마침내 얍복강에서 하나님의 얼굴을 보았습니다. 그날 확정한 하나님의 사랑으로 가장 큰 두려움을 이길 수 있었고, 그 어떤 귀중한 것도 미련 없이 세겜 근처 상수리나무에 묻을 수 있었습니다.

요셉에게는 어릴 때부터 곡식단과 하늘 일월성상의 꿈을 보여주셨습니다. 아버지로부터는 장자의 소망을 물려받았습니다. 그 '소망'에서 출발했습니다.

만약 요셉이 어떤 보상을 바라는 얄팍한 신앙의 소유자였다면, 보디발의 가정 총무로, 청지기로 점점 승진하는 것에 만족하였을 것입니다. 그리고 그 자리를 억울하게 빼앗겼을 때, 첩이 남자를 떠나듯, 원망하며 하나님을 떠났을 것입니다. 그러나 요셉은 하나님의 꿈을 단단히 부여잡았고, 어려움이 있을 때마다 손을 펼쳐 그 꿈을 확인했습니다.

그러는 동안 하나님의 꿈을 좌절시키려는 사탄의 시도는 번번이 실패했습니다. 그러는 동안 하나님을 향한 믿음과 소망과 사랑이 점점 굳어져갔습니다.

하나님을 보지 못하고 단지 사람과 사건에 맞서서 싸우면 만나는 것은 오직 사탄입니다. 사람과 사건에 집착하면 할수록 파괴의 영인 사탄에 말려듭니다. 그리고 사람의 생명은 점점 죽어가고 나를 통해 이루려 하시는 하나님의 꿈은 점점 사라져버립니다.

여호와께서 요셉과 함께하셨다는 말씀은, 요셉은 무슨 일을 당하든지 하나님과 씨름했다는 것입니다. 기라성 같은 형 열 사람이 힘을 합쳐 자신을 노예로 팔아도, 구석지고 어둡고 냄새나는 노예방에서도, 안주인에게 유혹당했다가 오히려 죄를 뒤집어써도, 춥고 배고프고 고통스러운 감옥에서도 소년 요셉은 하나님과 문제를 해결했습니다.

그래서 그는 언제나 평상심을 유지했고, 원래의 성실한 태도와 기쁜 얼굴로 맡겨진 일을 수행할 수 있었습니다. 그래서 하나님을 전혀 모르던 사람조차도 요셉을 통하여 하나님을 볼 수 있었던 것입니다.

믿음과 소망과 사랑은 한 뿌리에서 자라는 서로 다른 모양의 열매입니다.

중요한 것은 모두 하나님의 나무에서 열리는 생명의 열매라는 점입니다.

"나는 포도나무요 너희는 가지라. 그가 내 안에, 내가 그 안에 거하면 사람이 열매를 많이 맺나니 나를 떠나서는 너희가 아무것도 할 수 없음이라"(요 15:5).

성도가 해야 할 일은 영원한 포도나무인 예수님께 붙어 있는 것입니다.

이미 하나님은 우리와 함께하십니다. 조강지처 아내보다도 더 가까이, 언제나 우리와 함께하십니다. 하나님은 절대로 우리를 잡은 손을 놓지 않으십니다. 혹시 내가 그 손을 놓아버리고는 하나님이 나를 버리셨다고 한탄하고 있지 않습니까?

"누가 우리를 그리스도의 사랑에서 끊으리요. 환난이나 곤고나 박해나 기근이나 적신이나 위험이나 칼이랴. 기록된 바 우리가 종일 주를 위하여 죽임을 당하게 되며 도살 당할 양 같이 여김을 받았나이다 함과 같으니라. 그러나 이 모든 일에 우리를 사랑하시는 이로 말미암아 우리가 넉넉히 이기느니라. 내가 확신하노니 사망이나 생명이나 천사들이나 권세자들이나 현재 일이나 장래 일이나 능력이나 높음이나 깊음이나 다른 어떤 피조물이라도 우리를 우리 주 그리스도 예수 안에 있는 하나님의 사랑에서 끊을 수 없으리라"(롬 8:35-39).

21강 | 창세기 41:26-40

하나님의 신이 감동한 요셉

하나님의 지혜는 너무나 깊고 넓어서
인간으로서는 도저히 종잡을 수가 없습니다.
인간이 해야 할 일은 성경에 기록된
하나님의 마음을 읽어내고,
그저 하나님의 약속을 믿고
묵묵히 따르는 것입니다.

The Story of
Heaven

 미 서부에서 금이 대량으로 발견되었습니다. 많은 사람들은 금을 찾아 서부로 서부로 달려갔습니다. 그들 중에 헨리 콤스택Henry Comstack이라는 사람이 있었습니다. 그는 몇 년에 걸쳐서 금맥을 찾았으나 끝내 실패하고, 실망한 나머지 자신의 광산을 11,000달러의 헐값에 팔아버렸습니다. 그런데 그 광산을 산 사람이 며칠 후에, 미국 최대의 금광을 발견하게 됩니다. 훗날 그 광산의 금 매장량은 5억 달러로 평가되었습니다. 불과 30cm만 더 파들어가면 찾았을 금맥을 낙담하여 찾지 못한 것입니다. 헨리 콤스택은 너무 속이 상한 나머지 한 달 후에 자살하고 말았습니다.

 사람들은 다 아는 양 살아도, 한 치 앞을 내다보지 못하는 존재입니다. 하나님이 세상과 사람을 그렇게 만든 것은 다 이유가 있습니다. 전도서 3장 11절 이하를 보면, 하나님이 하시는 일의 시종을 사람으로 측량할 수 없게 하셨는데, 그 이유는 "사람으로 그 앞에서 경외하게 하려 하심인 줄을 내가 알았도다"라고 솔로몬의 입을 빌어 설명하고 있습니다.

한 치 앞을 내다보지 못하게 하신 이유는 사람들을 골탕 먹이고 힘들게 하려는 것이 아니라, 하나님을 경외하면서 살게 하려는 것입니다. 하나님을 경외함. 하나님을 믿고 의지함. 하나님께 예배함. 이것이 사람으로서 해야 할 최고의 행위입니다.

하나님의 경륜은 너무나 크고 위대해서 인간이 미처 따라가지 못합니다. 하나님의 지혜는 너무나 깊고 넓어서 인간으로서는 도저히 종잡을 수가 없습니다. 인생의 궁극을 찾겠다고 벽면참선을 하는 것은 어리석은 일입니다. 아들이 아버지의 뜻을 알겠다고 어두운 창고의 벽면을 바라보고 있다면 아버지가 얼마나 답답하겠습니까? 인간이 해야 할 일은 성경에 기록된 하나님의 마음을 읽어내고, 그저 하나님의 약속을 믿고 묵묵히 따르는 것입니다.

하나님이 하시는 일은 인간의 눈으로 보면, 불합리한 것처럼 보입니다. 성경은 인간으로서는 도저히 이해할 수 없는 수많은 사건으로 가득 차 있습니다. 125,000명의 아말렉 연합군이 쳐들어왔는데, 하나님은 그나마 가까스로 모은 이스라엘 군사 32,000명 중에 300명만 남기고 다 돌려보내라고 하셨습니다. 125,000 대 300. 도저히 상대가 되지 않는 숫자입니다. 그런데도 하나님의 약속을 믿고 묵묵히 따른 기드온은 엄청난 승리를 거둡니다. 우리의 판단이 틀렸습니다. 하나님이 옳았습니다.

예수님이 이 땅에 오셔서 갈릴리 무식한 어부들을 불러 제자를 삼으신 것도 불합리해 보입니다. 똑똑한 사람이 좀 많습니까? 그런데도 그들을 불러 제자로 삼으셨습니다. 그들이 무엇을 할 수 있을까요? 그런데 웬걸요. '프로슈케의 기도', 하나님을 향한 '찬양의 기도'를 드리며 열흘을 기다리자, 하늘이 열리며 성령이 임했습니다. 그러자 무슨 일이 일어났습니까? 성령을 받은 열두 명이 세상을 변화시키기 시작했습니다. 이 세상 그 누구도 그들을 막지 못했습니다. 제자들의 사역이 얼마나 강력한 것이었는지, 2000년을 뛰어넘어 오늘 우리에게까지 이른 것입니다.

그 똑똑한 사람들, 강력한 사람들, 온 세상을 뒤흔들었던 수많은 영웅호걸들의 사역은 이제는 흔적도 없이 사라졌습니다. 그러나 예수님이 택하신 무식하고 연약했던 사도들의 사역은 앞으로도 계속 이어질 것입니다. 우리의 생각이 틀렸고, 예수님이 옳았습니다.

어떤 사람은 권력이 최고라고 말하고, 어떤 사람은 돈이 최고라고 말합니다. 그런데 하나님은 모두 아니라고 하십니다. 가장 강력한 것은 과연 무엇일까요?

하나님은 모든 유형 무형의 피조물에 능력과 힘을 분배해주셨습니다. 권력이나 부나 명예나 쾌락까지도 나름의 능력과 힘을 가지고 있습니다. 이름 없는 들꽃이나 하늘을 나는 새들도 나름의 능력과 힘을 가지고 있습니다. 하나님이 부여하신 것들입니다. 그중에 가장 강력한 것이 바로 믿음입니다.

믿음은 얼마나 강력한 것인지, 세상의 권력과 힘이 그것을 능히 이기지 못합니다. 그래서 믿음의 소유자에게 붙여진 별명이 '세상이 능히 감당치 못하는 자'였습니다. 나아가 음부의 권세, 사탄의 권세도 그들을 이기지 못합니다. 믿음이 가장 강력한 것이라는 증거가 바로 부활과 영생입니다. 이 세상 그 어떤 것으로도 영생과 부활을 살 수 없습니다.

그런데 이 믿음은 오직 하나님과의 관계에서만 생겨납니다. 믿음은 하나님의 선물입니다. 바로 이 강력한 믿음을 주시기 위하여 아브라함을 부르셨으며, 이삭을 바치라는 기가 막힌 명령을 하셨습니다. 이 믿음을 주시려고 야곱과 더불어 얍복강 모래밭에서 씨름하셨고, 이 믿음을 주시기 위하여 열일곱 살의 요셉이 형들의 미움을 받게 하셨고, 노예로 팔려가게 하셨으며, 보디발의 아내의 모함을 받게 하셨습니다.

이 믿음을 주시기 위하여 하나님은 그 어떤 일도 불사하셨습니다. 당대 최대의 부자였던 욥의 모든 가족과 재산을 빼앗도록 조치하셨으며, 그것도 부족하여 욥의 머리끝에서 발끝까지 악창으로 뒤덮어버리셨습니다. 이스라엘 민족의 믿음을 위하여 때로는 나라까지도 멸망시켜버렸습니다. 나라를 잃은 이스라엘 백성이 바벨론 강가에서 예루살렘 성을 그리워하며 피눈물을 흘리게 하셨습니다. 그리고 이스라엘 백성의 믿음을 회복시키셨습니다.

믿음만이 하나님을 기쁘시게 하는 유일한 것입니다. 모든 절망을 물리치는 소망도, 내 전체를 내어놓는 헌신도, 언제 끝날지 모르는 극한 상황을 견디게 하는 인내도, 모든 것을 용서하는 사랑도, 모두 하나님을 믿는 믿음에서 나온 것입니다.

요셉의 생애를 보면서 기억해야 할 것이 있습니다. 아무리 능력이 많은 사람이라 하더라도, 아무리 열심히 공부했다 하여도, 열일곱 살의 노예가 13년 만에 총리대신이 될 수는 없습니다. 오직 불합리해보이고 어리석어보이는 하나님의 인도하심을 믿고 묵묵히 따라갈 때, 하나님이 이루시는 것입니다.

그러므로 우리가 해야 할 일, 그것은 우리의 주장을 접어두고 그저 하나님의 약속을 믿고 묵묵히 견디는 것입니다. 어려움을 당하고 계십니까? 하나님의 섭리와 경륜에 의한 것입니다. 현재는 우리가 알지 못합니다. 그저 기도하면서 참고, 맡은 일을 꾸준히 행할 뿐입니다. 형통하십니까? 교만해지는 것을 조심하면서, 하나님께 감사해야 할 것입니다.

어느 날, 요셉이 갇힌 감옥에 두 사람이 들어왔습니다. 이집트 황제의 술 맡은 관원장과 떡 굽는 관원장입니다. 그 감옥은 보디발의 책임 아래 있는 감옥이었는데, 보디발은 요셉에게 이 두 관리의 수종을 들도록 조치했습니다. 성경에는 이렇게 기록되어 있습니다. "친위대장이 요셉에게 그들을 수종들게 하매"(창 40:4). 보디발은 요셉의 신실함을 잘 알고 있었습니다.

이들은 하나님의 원대한 계획을 실현하기 위한 포석의 일환이었습니다. 이들이 어느 날 꿈을 꾸게 됩니다. 그 꿈은 난해한 것이어서, 그들의 안색이 편치 않았습니다. 남의 어려움을 그냥 지나치지 않는 요셉이 즉각 개입을 합니다. 요셉이 그들에게 이렇게 말합니다. "해석은 하나님께 있지 아니하나이까. 청하건대 내게 이르소서"(창 40:8).

하나님께 의뢰한 그 꿈의 내용은 정확하게 맞았고, 떡 맡은 관원은 영원한 징계를, 술 맡은 관원은 복직을 하게 되었습니다. 하지만 술 맡은 관원은 훗날 복직되거든 자신의 억울한 사정을 해결해 달라는 요셉의 간청을 잊어버리고 말았습니다.

그 기간이 무려 2년이나 되었습니다. 휴가도 있고 면회도 있는 군대에서의 2년도 견디기 어려운데, 이역만리 떨어진 곳, 그것도 감옥에서의 2년은 몹시 견디기 힘든 기간이었습니다. 그러나 요셉은 하나님을 믿는 마음으로 그 긴 기간을 잘 견디어냈습니다. 드디어 하나님은 요셉에게 하나님의 때를 허락하셨습니다.

하나님의 때는 이집트의 파라오가 꾼 괴이한 꿈과 함께 찾아왔습니다. 일곱 마리의 살찐 소가 일곱 마리의 파리하고 흉악한 소에게 잡아먹히는 꿈과 충실한 일곱 이삭이 세약細弱한 이삭에게 삼킴을 당하는 꿈이었습니다. 이 파라오의 꿈을 해석할 자를 도무지 찾을 수 없었습니다. 그때에 술 맡은 관원의 머리에 언뜻 스치는 기억이 있었습니다. 바로 요셉이었습니다.

그렇게 하여, 요셉은 이집트의 파라오 앞에 서게 되었습니다. 그가 요셉에게 이렇게 말합니다. "내가 한 꿈을 꾸었으나 그것을 해석하는 자가 없더니 들은즉 너는 꿈을 들으면 능히 푼다 하더라"(창 41:15). 그 말을 들은 요셉은 이렇게 대답합니다. "내가 아니라. 하나님께서 바로에게 편안한 대답을 하시리이다"(창 41:16).

아름다운 청년 요셉은 언제나 하나님을 앞세우고 있습니다. 그래서 하나님은 그를 더욱 사랑하시며, 그를 더욱 높여주십니다.

요셉의 꿈 해석이 시작되고, 파라오와 그의 문무백관들은 귀를 기울였습니다. 두 꿈은 모두 같은 내용이며, 같은 내용을 연이어 꾼 이유는 "하나님이 이 일을 정하시고 속히 행하려 하심이며, 따라서 명철하고 지혜 있는 사람을 택하여 치리하게 하심이 마땅하다"(창 41:32)는 조언까지 첨부한 요셉의 명쾌한 말에 모든 사람이 무릎을 쳤습니다.

"이와 같이 하나님의 영에 감동된 사람을 우리가 어찌 찾을 수 있으리요"(창 41:38).

요셉은 '꿈꾸는 자'라는 별명 외에 '하나님의 신이 감동한 자'라는 존귀한 이름을 얻게 되었습니다. 믿음의 족장들의 공통점이 있습니다. 그것은 다른 사람들, 곧 하나님을 알지 못하는 사람들로부터 그들을 통하여 하나님을 보았다는 찬사를 들었다는 점입니다. 아브라함과 이삭은 아비멜렉으로부터, 야곱은 외삼촌 라반으로부터 "하나님이 너와 함께하심을 분명히 보았다"는 말을 들었습니다. 나는 과연 다른 사람들로부터 무슨 말을 듣고 있습니까?

사도 바울은 이에 대하여 대단히 중요한 말을 합니다.

"너희가 먹든지 마시든지 무엇을 하든지 다 하나님의 영광을 위하여 하라. 유대인에게나 헬라인에게나 하나님의 교회에나 거치는 자가 되지 말고, 나와 같이 모든 일에 모든 사람을 기쁘게 하여 자신의 유익을 구하지 아니하고 많은 사람의 유익을 구하여 그들로 구원을 받게 하라"(고전 10:31-33).

무슨 일을 하든지 하나님의 영광을 위하여 살아야 합니다. 무슨 일을 하든지 나의 유익을 구하지 않고, 다른 사람의 유익을 먼저 생각해야 합니다. 그럴 때 나는 '거치는 자'가 되지 않고, 구원을 이루는 존귀한 존재가 됩니다. 요셉이 바로 그런 사람이었습니다.

이집트의 파라오는 요셉을 총리대신으로 임명했습니다.

"너는 내 집을 다스리라. 내 백성이 다 네 명령에 복종하리니 내가 너보다 높은 것은 내 왕좌뿐이니라"(창 41:40). 문자 그대로, '일인지하 만인지상'의 총리에 등극한 것입니다.

얼마 전, 한국 이민 2세가 미국 연방정부의 판사가 되었습니다. 미국의 판사는 수많은 검사들 중에서 검증에 검증을 거쳐 임명되는 명예로운 자리입니다. 미국의 변호사만 되어도 장한 일인데, 판사가 되었으니 얼마나 장한 일이겠습니까? 그 자리에 오르기까지 이민 1세인 부모님의 피와 땀이 있었고, 당사자의 피나는 노력이 있었습니다.

하지만 요셉을 통하여 하나님이 이루신 일은 그와는 비교할 수도 없는 대단한 일입니다. 혹자는 요셉이 이집트의 총리대신이 되었음을 허구라고, 그저 지어낸 이야기라고 생각합니다. 어떻게 노예 신분의 이방인이 이집트의 총리대신이 될 수 있느냐는 것입니다. 더욱이 요셉은, 농경민인 이집트인들이 천민으로 여기는 유목민인데, 아무리 그가 능력이 있어도 그런 일은 불가능하다는 것입니다. 농경민이었던 우리 조상들도 가축을 다루는 사람들을 '백정'이라 하여 가장 천시했습니다.

그러나 요셉이 국무총리가 된 것은 사실입니다. 역사학자들이 밝혀낸 것이 있습니다. 이집트 16대 왕조 때, 힉소스 족이 쳐들어와 이집트를 멸망시키고 17대 왕조를 건립합니다. 그런데 힉소스 족은 중앙아시아 기마 민족으로 유목민들이었습니다. 그들이 왕조를 세웠으나, 농경민 이집트 백성들은 여전히 등을 돌리고 있었고 유목민이 세운 왕조를 멸시했습니다. 그때에 요셉이라는 유목민 출신의 출중한 인물이 나타난 것입니다. 그래서 힉소스 족의 파라오는 요셉을 주저 없이 국무총리로 세운 것입니다. 더 자세한 내용은 창세기 47장에서 다루도록 하겠습니다.

흔히들 일이 잘 풀리고 형통하면 하나님이 함께하심이요, 상황이 어려워지면 하나님이 나를 버리심으로 착각합니다. 그러나 그 반대입니다. 요셉의 생애를 보면, 그가 노예로, 죄인으로 있을 때는 "하나님이 함께 계셔서"라는 구절이 반복되어 나옵니다. 요셉이 곤경에 빠져 있을 때에 하나님이 더욱 가까이 계셨다는 것입니다. 또한 요셉은 어려움으로 내려갈 때마다 그에 비례하여 하나님의 손을 더욱 꼭 붙잡았습니다. 하나님의 약속을 더욱 굳게 믿었습니다. 드디어 하나님이 꿈으로 보여주셨던 일이 실제로 이루어진 것입니다.

성도란 '구별된 사람'입니다. 그러므로 시련을 보는 시각도 다른 사람들과 구별되어야 합니다. 야고보 사도는 이렇게 당부합니다.

"내 형제들아 너희가 여러 가지 시험을 당하거든 온전히 기쁘게 여기라." 여기에는 이유가 있습니다. "이는 너희 믿음의 시련이 인내를 만들어 내는 줄 너희가 앎이라. 인내를 온전히 이루라. 이는 너희로 온전하고 구비하여 조금도 부족함이 없게 하려 함이라"(약 1:2-4).

요셉은 이 모든 시련이 하나님으로부터 온 것임을 깨달았을 것입니다. 그래서 온전히 인내를 이루었습니다. 그러자 고난은 '믿음의 시련'으로 바뀌었고, 요셉으로 하여금 대국의 총리대신으로 그 나라뿐 아니라 여러 나라까지도 구할 수 있는 능력을 구비하게 만들었습니다. 요셉이 온전하게 구비하여 조금도 부족함이 없게 만든 것입니다.

'믿음의 시련'은 하나님의 시각으로 해석한 시련입니다.

어떤 일로 힘들어하고 있습니까?

하나님의 시각으로 바라보십시오.

"너희를 부르시는 이는 미쁘시니 그가 또한 이루시리라"(살전 5:24).

22강

사브낫바네아

행복이든 불행이든 그 어떤 것이든,
요셉은 모두 하나님과 연관시키고 있습니다.
모든 것을 '하나님 사건'으로
경험하고 있습니다.

The Story of
Heaven

세상을 둘러봅니다. 불의와 부조리와 불공평이 어지럽게 난무하고 있습니다. 공평하신 하나님이라는데, 정말 하나님은 공평하신가? 아니, 하나님이라는 존재가 있기나 한 것인가?

공평하신 하나님을 두고 수많은 사람들이 한마디씩 합니다.

"하나님이 공평하다면 세상이 왜 이 모양이야! 하나님 같은 건 없어!"

"공평하신 하나님, 왜 저 불의한 자들을 내버려두십니까?"

"내가 잘 사는 것은 공평하신 하나님이 인정하셨기 때문이다."

"나는 공평하신 하나님을 믿는다. 그래서 불의한 너희들을 내 손으로 처단하리라."

사람들의 시끄러운 아우성이 하늘을 찌릅니다. 그러나 공평하시다는 하나님은 침묵하십니다. 과연 하나님은 공평하신가? 아니, 하나님은 정말로 존재하시는 걸까? 의심이 듭니다. 회의가 듭니다.

태어날 때부터 온 몸이 뒤틀린 사람이 있습니다. 뇌성마비 장애인으로 태어난 것입니다. 언어장애도 있어, 무슨 말을 하는지 잘 알아들을 수 없습니다. 죽고 싶어도 몸을 통제할 수 없어 그럴 수도 없습니다. 남의 도움 없이는 단 한 시간도 일상 생활을 영위할 수 없습니다. 모두들 그 사람이 그 집안의 우환이라고 말합니다. 정말 아무 짝에도 쓸모없는 사람입니다.

그런데 어느 날, 그의 머리에 '공평하신 하나님'이라는 단어가 떠올랐습니다. "공평하다고요? 내 꼴을 보세요. 내 꼴!" 그러나 공평하신 하나님이란 말이 뇌리를 떠나지 않았습니다. 그 단어를 지워버리려고 애를 쓰면 쓸수록 더 극명하게 떠올랐습니다. 미쳐버릴 것 같았습니다. 며칠째일까? 어느새 점점 평온해져가는 자신을 발견합니다.

그리고 떠오른 말이 있었습니다.

나 가진 재물 없으나
나 남이 가진 지식 없으나
나 남에게 있는 건강 있지 않으나

나 남이 없는 것 있으니
나 남이 못 본 것을 보았고
나 남이 듣지 못한 음성 들었고
나 남이 받지 못한 사랑 받았고
나 남이 모르는 것 깨달았네.
공평하신 하나님이 나 남이 가진 것 나 없지만
공평하신 하나님이 나 남이 없는 것 갖게 하셨네.

하나님은 모든 사람에게 하나님의 약속을 보라 하십니다. 그 약
속을 품에 품으라 하십니다. 하나님이 이루시겠다는 것입니다.
하나님의 사람이란, 어떤 상황이나 처지, 환경에서도 하나님의
약속을 믿고 견디며 행하는 사람입니다. 그래서 그 약속의 실현을
체험하는 사람입니다.

멀리 증조부 아브라함에게 처음 임했던 하나님의 명령과 약속이
할아버지 이삭, 아버지 야곱에게 계승되어, 아들 요셉에 이르러 완
성되었습니다. 요셉에게는 증조부의 노쇠함도, 할아버지의 유약함
도, 아버지의 교묘함도 찾을 수 없습니다. 성경 어디에서도 그의
흠을 찾을 수 없습니다.

이집트의 파라오가 요셉을 국무총리로 임명한 다음, 요셉의 이름을 '사브낫바네아'라고 지었습니다. 그 뜻은 '은밀한 것을 열어 보이는 자'라는 뜻입니다. 요셉의 꿈 해석 능력에서 기인한 이름입니다. 그런데 이름의 의미가 아무리 좋아도, 이것은 창씨개명에 속합니다. 이집트의 파라오가, 요셉에게 하나님 색깔을 빼고, 자신의 색깔을 입히고자 한 것입니다. 다니엘을 '벨드사살'이라고 한 것과 같습니다.

"그가 요셉의 이름을 사브낫바네아라 하고 또 온의 제사장 보디베라의 딸 아스낫을 그에게 주어 아내로 삼게 하니라"(창 41:45).

'온'은 이집트의 최고 신인 태양신을 말합니다. 파라오는 창씨개명보다 더 중요한 작업을 하였는데, 요셉에게 이집트의 제사장 딸, '아스낫'을 아내로 준 것입니다. 요셉으로 하여금 하나님을 버리게 하고 이집트 종교를 입히려 한 것입니다.

혹시 솔로몬의 실패의 원인을 기억하십니까? 수많은 이방 여인들을 아내로 맞았고, 이방 신들을 방치했고, 자신은 물론 이스라엘을 바알 신으로 물들여버렸습니다. 하지만 그런 일들은 요셉에게 전혀 영향을 미치지 못했습니다.

요셉이 추호의 흔들림이 없었다는 증거가 두 아들의 이름을 짓는 데서 나타납니다. 아스낫과의 사이에서 두 아들이 태어났는데,

큰 아들은 '므낫세'로, 작은 아들은 '에브라임'으로 이름 지었습니다. 므낫세는 '하나님이 나로 나의 모든 고난과 나의 아비의 온 집 일을 잊어버리게 하셨도다'라는 의미를, 에브라임은 '하나님이 나로 나의 수고한 땅에서 창성하게 하셨다'는 의미를 지니고 있습니다.

행복이든 불행이든 그 어떤 것이든, 요셉은 모두 하나님과 연관시키고 있습니다. 모든 것을 '하나님 사건'으로 경험하고 있습니다.

하나님 사건으로의 전환은 이런 것입니다.

여기에 두 학생이 있습니다. 두 학생 모두 총명하여, S대 법대에 입학하였다고 합시다. 그런데 한 학생의 어머니는 이렇게 말합니다. "그동안 수고하였다. 선물로 스포츠카를 한 대 사주마. 신나게 놀고, 더욱 열심히 공부하여 법관이 되거라." 반면에 한 학생의 어머니는 이렇게 말합니다. "그동안 수고하였다. 이 모든 것이 하나님의 선물이다. 하나님께 감사하고, 더욱 열심히 공부하여 하나님께 더 큰 영광을 돌려라."

똑같은 사건을, 한 사람은 '땅의 사건'으로, 다른 사람은 '하나님 사건'으로 경험하고 있습니다. 이 두 학생은 같은 출발을 하였으나, 그 열매는 전혀 다른 것이 됩니다.

요셉은 마음이 청결한 자였으며, 그래서 하나님 나라를 본 것입니다. 청결한 자의 또 하나 중요한 특징은 부정이나 부패와는 전혀 관계가 없다는 점입니다.

리처드 포스터Richard Foster는 《돈, 섹스, 권력》이라는 책을 썼습니다. 이 세 가지가 인류 최대의 유혹이라는 것입니다. 세상 문제가 얽히고설켜 복잡한 것 같아도, 한 꺼풀 벗겨내고 보면, 이 세 가지 요소가 만들어내는 문제임을 알 수 있습니다.

또한 이 세 가지는 하나님을 모르는 인간들에게 가장 강력한 힘을 지닌 것으로, 평생에 걸친 추구의 대상이 됩니다. 특히 돈은 현대인들에게는 거의 신적인 권능을 가지고 있습니다. 돈 앞에 이데올로기도, 지위도, 학벌도, 전통도, 가정이나 국가도, 심지어는 교회까지도 머리를 숙일 정도입니다.

예수님도 그 돈의 힘을 알고 계셨습니다.

"한 사람이 두 주인을 섬기지 못할 것이니 혹 이를 미워하고 저를 사랑하거나 혹 이를 중히 여기고 저를 경히 여김이라. 너희가 하나님과 재물을 겸하여 섬기지 못하느니라"(마 6:24).

돈은 신적 존재라는 말입니다. 돈이 우리를 파괴할 수 있는 것은 우리 속에 있는 탐욕과 직통으로 결탁하기 때문입니다. 우리 안에 숨겨진 탐욕과 돈이 결탁하는 순간, 사탄은 더 많이 가지라고 충동

질합니다. 남의 것을 빼앗도록 부추깁니다. 그래서 방해가 되는 요소는 형제이든, 나라이든, 교회이든, 그 무엇이든 제거해버립니다.

요즘 미국이 몹시 흔들리고 있습니다. 건국 이래로 최대의 위기를 맞고 있습니다. 이 위기는 9.11 테러와 같은 일발성 위기가 아니라는 데 그 심각성이 더합니다.

엔론사, 월드컴사, 제록스사 등 미국의 유명한 기업들의 회계 부정 사건이 그것입니다. 미국 굴지 회사들의 회장이나 간부 208명이 지난 10년 동안 부정한 방법으로 주식을 팔아 챙긴 돈이 33억 달러에 달했고, 그로 인해 스물다섯 개의 회사들이 파산해버렸습니다. 그 결과 모두 10만 명의 종업원들이 직장을 잃었고, 주주들이 입은 손해는 그들이 챙긴 돈의 70배인 2,100억 달러였습니다. 주가 조작으로 치부致富한 것이 눈에 보이지 않는 수많은 사람에게 몇 십 배, 몇 백 배의 손해를 입힌다는 점에서 주가 조작은 단순한 도적질보다 더 나쁜 것입니다. 드디어 미국이 그들이 가장 소중하게 여기는 '정직'을 버리고, 개인의 탐욕에 빠져버린 것입니다. 더욱이 무서운 점은 다름 아닌, 지도자들이 부패하기 시작했다는 점입니다.

대단히 심각한 일입니다. 싱가포르의 이광요 전 수상은 미국이 앞으로도 50년 이상은 초강대국의 위치를 유지할 것으로 보았지만, 이 상태로 가다가는 어림도 없는 예측이 될 것입니다. 원래 싱가포르는 부정부패로 찌든 도시국가였습니다. 이 싱가포르를 정상화시킨 인물이 바로 이광요 수상입니다. 그는 단 하나의 목표로 싸웠습니다. 그것은 부정부패 척결이었습니다. 싱가포르에서 부패를 종식시키자, 모든 것이 정상화되고, 물 흐르듯 나라가 움직이기 시작했습니다.

보통 사람들은 Money(돈)를 위하여 일합니다.

훌륭한 사람들은 Meaning(의미)을 위하여 일합니다.

가장 훌륭한 사람들은 Mission(사명)을 위하여 일합니다.

요셉은 마음이 청결한 사람이었습니다. 그는 하나님을 만난 사람이었고, 하나님의 사명Mission을 본 사람입니다. 그런 사람은 시시한 것에 연연하지 않습니다. 자신에게 부여된 모든 것을 하나님의 사명을 완수하는 데 사용합니다. 그런 사람은 남의 것을 빼앗지 않고 오히려 자신의 것을 내어줍니다. 우리 주님은 자신의 목숨까지도 내어주셨습니다. 그래서 부패와는 아무런 관계도 없는 분이었습니다.

요셉에게 일인지하 만인지상의 절대 권력이 주어졌습니다. 이집트의 파라오가 말합니다. "나는 바로라. 애굽 온 땅에서 네 허락이 없이는 수족을 놀릴 자가 없으리라"(창 41:44). 그런 절대 권력을 철저하게 사람을 살리는 일에 사용했습니다.

훌륭한 지도자에게 요구되는 세 가지 능력은, 철저한 준비와 조직 장악력, 그리고 위기 관리 능력입니다. 요셉은 그 세 가지 모두를 잘 갖추고 있었습니다. 7년 동안의 풍년을 낭비하지 않고, 앞으로 닥칠 위기에 철저히 대비했습니다. 그래서 많은 생명을 살릴 수 있었고, 그 결과 그의 권력은 더욱 강화되고 커졌습니다. 그 강화된 권력은 더욱 많은 일을 하는 데 잘 사용되었습니다.

역대상 26장 14절에 이런 말씀이 기록되어 있습니다.

"셀레먀는 동쪽을 뽑았고 그의 아들 스가랴는 명철한 모사라. 모사를 위하여 제비 뽑으니 북쪽을 뽑았고."

이 사람들은 하나님 성전의 문지기로 발탁된 사람들입니다. 동방은 동쪽 방을 뜻합니다. 그런데 스가랴라는 사람은 '명철한 의사'였습니다. 여기서 의사는 카운슬러를 말하는데, 요즘 말로는 '컨설턴트'라 할 수 있습니다. 잘 나가는 직업의 소유자입니다. 그런데 스가랴는 자신의 아버지의 뒤를 이어 북쪽 방을 지키는 문지기가 되었습니다. 정문을 지키며 폼 잡는 자리도 아닙니다. 북쪽 끝방, 그 방을 혼자서 하루 종일 지키는 것입니다. 그 시간에 돈을 벌면 더 좋을 텐데, 그는 기꺼이 하나님 성전의 문지기가 되었습니다. 그래서 영광스럽게도 그의 이름이 성경에 기록된 것입니다.

많은 사람들이 하나님을 자신의 재산을 지키는 문지기로 세우려고 안간힘을 씁니다. 그런데 정작 하나님의 문지기는 되려고 하지 않습니다.

"하나님, 제가 이렇게 신앙 생활을 잘 하고 있으니까 제 재산 잘 지켜주시고, 또 불려주세요." "예수님, 제가 교회 봉사도 잘 하고, 십일조도 잘 하고, 기도도 열심히 하니까, 제 문지기가 되어주셔서 제 건강과 가족들을 잘 지켜주세요." 하나님만으로도 부족하여 이제 그분의 아들 예수님까지도 문지기로 만들려고 합니다.

그런데 그런 기도도 우리 하나님은 잘 들어주십니다. 그래서 기꺼이 문지기가 되어주십니다. 그것도 잠도 주무시지 않는 전천후 문지기가 되어주십니다. "이스라엘을 지키시는 이는 졸지도 아니하시고 주무시지도 아니하시리로다"(시 121:4).

'옷 로비 사건'을 기억하십니까? 한국 기독교 역사상 가장 가슴 아픈 사건 중의 하나일 것입니다. 그들은 권력과 부를 그 누구보다도 많이 허락받은, 나라와 교회의 지도급 인사들이었습니다. 그런데 그들은 온 국민 앞에서, 하나님이 오직 자신의 충직한 문지기임을 서로 주장했습니다. 혹시 우리도 하나님께 우리의 문지기가 되어달라고, 더 높은 지위와 더 많은 부를 얻게 해달라고 열심히 기도하고, 성경 공부도 열심히 하며, 교회 마당을 열심히 밟고 있지는 않은지요? 이제는 이런 식의 신앙 생활을 종식시킬 때가 되었습니다. 이제 우리가 대를 이어 하나님의 문지기가 되어야 할 차례입니다.

돈과 권력은 하나님의 선물입니다. 돈과 권력은 힘입니다. 그러므로 돈은 하나님의 사명을 수행하는 데 매우 요긴한 것입니다. 권력은 자기 힘을 과시하며 치부하는 데 사용해서는 안 됩니다. 권력은 남을 도와주고, 남을 살리는 데 써야 합니다. 권력이 크면 클수록 더 많은 생명을 구하고, 더 많은 일을 할 수 있습니다.

하나님의 아들 예수님, 모든 것을 가지신 그분께서 마지막 기도를 드리며 이런 말씀을 하셨습니다.

"아버지께서 내게 하라고 주신 일을 내가 이루어 아버지를 이 세상에서 영화롭게 하였사오니, 아버지여 창세 전에 내가 아버지와 함께 가졌던 영화로써 지금도 아버지와 함께 나를 영화롭게 하옵소서"(요 17:4-5).

요셉은 철저히 하나님의 문지기로서, 자신에게 주어진 권력과 기회와 힘을 단 한 치도 자신을 위하여 사용하지 않았습니다. 생명을 살리는 일에, 그래서 하나님의 사명을 완수하는 데 사용했습니다. 그리하여 하나님을 이 세상에서 영화롭게 했습니다. 최고의 영광을 바친 것입니다. 그래서 하나님이 그를 영화롭게 하셨습니다.

요셉과 같은 하나님의 지도자가 그리운 시대입니다.

23강 | 창세기 45:1-10

하나님이 보내셨나이다

"하나님이 큰 구원으로
당신들의 생명을 보존하고
당신들의 후손을 세상에 두시려고
나를 당신들보다 먼저 보내셨나니,
그런즉 나를 이리로 보낸 이는 당신들이 아니요
하나님이시라"(창45:7-8).

The Story of
Heaven

흔히 겉으로 드러난 행위와 업적이 그 사람의 평가 기준이 됩니다. 그러나 몸을 불살라 내어줄지라도, 그 행위가 아무런 의미가 없을 수도 있습니다.

바리새인들은 분명 다른 사람보다 훨씬 더 성실했으며, 다른 사람보다 훨씬 더 선한 일을 많이 한 사람들입니다. 골수 바리새인들은 율법에 규정된 두 번의 십일조를 했습니다. 한 십일조는 성전에, 또 다른 십일조는 가난한 사람들의 구제에 내어놓았습니다. 그럼에도 예수님은 바리새인들을 '독사의 자식들'이라고 부르며, 악한 사람의 대명사로 보셨습니다. 그러므로 겉으로 드러난 행위의 선악이 사람의 평가 기준이 될 수 없습니다.

하나님이 누구신지를 아는 것도 평가 기준이 될 수 없습니다. 예수님이 이 땅에 오셨을 때에 사람들은 예수님이 하나님의 아들이라는 사실을 몰랐습니다. 그러나 귀신들은 '귀신처럼' 예수님이 누구신지를 알았습니다.

그렇다면 선한 사람과 악한 사람을 가르는 절대 기준은 과연 무엇일까요?

악한 사람들에게 가장 큰 고통은, 자신의 죄성과 불완전성을 인정하는 것입니다. 양심을 직시하는 고통입니다. 이 고통이 얼마나 크고 아픈지, 피할 수만 있다면 죽는 일만 빼고는 무슨 일이든지 불사합니다.

첫 번째 조치는 '합리화와 은폐'입니다. 스스로 죄를 합리화하며, 남에게 들키지 않도록 은폐합니다.

두 번째 조치는 '책임 전가'입니다. 자신이 잘못되었음을 인정하는 것이 너무나 고통스러우므로, 다른 사람에게 그 책임을 전가해버립니다.

세 번째 조치는 '공격'입니다. 자신의 죄가 드러나면 다른 사람도 같이 물고 늘어집니다. "너는 온전한가? 너는 깨끗한가? 똑같은 처지에 무슨 말이 그토록 많으냐?"는 것입니다.

바리새인들은 언제나 자신이 옳았고, 다른 사람은 틀렸습니다.

속마음이 선해지려는 생각은 조금도 없었습니다. 반면 겉으로 선해 보이기 위한 욕망, 자신의 정당함을 증명하려는 욕망은 불처럼 강했습니다. 그들의 외적인 선함은 위선과 가식의 결과일 뿐입니다.

자신을 미워할 줄 모르는 것, 자신을 거스르지 못하는 것, 자신의 죄와 허물을 인정하지 못하는 것, 이것이 선과 악을 가르는 가장 큰 기준입니다.

"그 정죄는 이것이니, 곧 빛이 세상에 왔으되 사람들이 자기 행위가 악하므로 빛보다 어둠을 더 사랑한 것이니라. 악을 행하는 자마다 빛을 미워하여 빛으로 오지 아니하나니 이는 그 행위가 드러날까 함이요, 진리를 따르는 자는 빛으로 오나니 이는 그 행위가 하나님 안에서 행한 것임을 나타내려 함이라"(요 3:19-21).

악한 사람들은 자신의 허물을 드러내는 빛을 미워합니다. 자기 모습을 비춰주는 하나님의 빛, 자신을 드러내는 성찰의 빛, 자신의 기만을 들춰내는 진리의 빛을 죽도록 싫어합니다.

지옥은 따로 있는 것이 아닙니다. 지옥은 '하나님과의 최종적인 분리 상태'를 말합니다. 지옥은 하나님이 우리를 버리셨기 때문에 가는 곳이 아닙니다. 우리가 하나님을 거절하였을 때에 필연적으로 갈 수밖에 없는 곳입니다.

악한 사람은 자신의 죄를 인정치 않으며, 그 죄를 자신의 방법으로 처리해버립니다. 그러나 선한 사람은 자신의 죄를 인정하며, 그 죄를 들고 하나님 앞으로 나옵니다.

이집트의 총리가 된 요셉 앞에 드디어 그를 노예로 판 형들이 등장합니다. 요셉의 생애에서 가장 극적인 장면입니다. 과연 요셉은 어떻게 하였을까요?

7년의 풍년 동안, 요셉이 관리하는 이집트는 흉년에 대비하여 곡식을 잘 저장해두었습니다. 그리고 흉년이 닥쳤습니다. 야곱과 그 아들들도 기근에 시달렸습니다. 이집트에는 곡식이 있다는 소식이 온 사방에 퍼졌고, 야곱은 막내 베냐민만 남겨두고 나머지 열 아들을 이집트로 보냈습니다. 양식을 구해오라는 것입니다.

그리하여 20여 년 만에 형들과 요셉이 만나게 되었습니다. 형들은 자신들이 노예로 팔았던 요셉에게 양식을 팔 것을 간청했습니다. 그들은 감히 머리를 들지 못했습니다. 요셉은 한눈에 형들을 알아보았습니다. 그때에 요셉의 머리에 스치고 지나가는 것이 있었습니다. 그가 어릴 적에 꾸었던 꿈입니다. 요셉의 곡식 단은 일어서고, 형들의 곡식 단이 둘러서서 절을 하는 꿈이었습니다.

"요셉이 그들에게 대하여 꾼 꿈을 생각하고 그들에게 이르되 너희는 정탐꾼들이라. 이 나라의 틈을 엿보려고 왔느니라"(창 42:9).
과연 그가 꾼 꿈이 그대로 이루어진 것입니다. 그런데 요셉은 그
형들에게 엉뚱한 누명을 씌우고 있습니다. 형들에게 복수하려는
것일까요?

그러나 그 다음에 전개되는 사건을 보면, 요셉의 의도가 무엇인
지를 이해하게 됩니다.

요셉은 자신의 신분을 감추고는, 형들이 정탐하러 온 것이 아님
을 증명하라고 요구합니다. 형들 중 하나가 인질로 남고, 고향에
두고 온 막내를 데리고 오라는 것입니다. 형들은 이런 일을 당하면
서 말합니다. "우리가 아우의 일로 말미암아 범죄하였도다. 그가
우리에게 애걸할 때에 그 마음의 괴로움을 보고도 듣지 아니하였
으므로 이 괴로움이 우리에게 임하도다"(창 42:21).

"그때 그러지 말았어야 했는데…." 여전히 요셉을 알아보지 못
하는 형들 사이에 깊은 후회와 자책이 소용돌이쳤습니다. 그것을
바라보는 요셉은 만감이 교차하는 것을 억누를 수 없었습니다. "아,
형들은 그 일을 잊지 않고 있구나. 후회하고 있구나." 요셉은 급히
자리를 떠나 다른 방으로 갔습니다. 거기서 목놓아 울었습니다.

요셉은 하나님의 사람입니다. 형들에게 복수하고픈 생각이나,
자신이 옳아서 이렇게 높은 자리에 올랐음을 과시하고픈 생각은

추호도 없었습니다. 다만 요셉이 보기 원했던 것은 형들의 마음 상태였습니다.

다른 방에서 울고 난 다음, 요셉은 다시 자세를 가다듬고 돌아와 시므온 형을 오라로 묶게 하고는 다른 형들은 양식을 주어 보내버렸습니다. 그런데 양식 보따리에 형들이 양식 값으로 가져온 돈을 몰래 도로 넣어 보냈습니다. 과연 형들이 변했는지 알기 위해서입니다.

형들은 고향으로 돌아와 자초지종을 아버지 야곱에게 모두 고했습니다. 그리고 막내 동생 베냐민을 데리고 다시 이집트로 돌아가야 하는 이유를 아버지께 말씀드렸습니다. 야곱은 요셉이 다시 돌려보낸 돈까지 보면서 큰 불안에 휩싸였습니다. "너희가 나에게 내 자식들을 잃게 하도다. 요셉도 없어졌고 시므온도 없어졌거늘 베냐민을 또 빼앗아가고자 하니"(창 42:36).

그 말에 큰 형 르우벤이 나섰습니다. "내가 그를 아버지께로 데리고 오지 아니하거든 내 두 아들을 죽이소서. 그를 내 손에 맡기소서. 내가 그를 아버지께로 데리고 돌아오리이다"(창 42:37). 자신이 책임지겠다는 것입니다.

그리하여 베냐민을 데리고 온 형들은 다시 요셉 앞에 서게 되었습니다. 요셉은 그들이 왔다는 말을 듣고는, 그들을 자신의 사저로

들이고 연회를 준비하도록 명령했습니다. 일과를 마치고 퇴정한 요셉은 형들에게 아버지의 안부를 묻고는 동생 베냐민을 바라보았습니다. 자신의 유일한 동생이며, 같은 어머니 라헬에게서 난 혈육을 보자 도저히 마음을 가눌 수가 없었습니다. 성경은 이렇게 요셉의 마음을 전하고 있습니다. "요셉이 아우를 사랑하는 마음이 복받쳐 급히 울 곳을 찾아 안방으로 들어가서 울고 얼굴을 씻고 나와서 그 정을 억제하고 음식을 차리라 하매"(창 43:30-31).

이어서 연회가 시작되었습니다. 요셉은 보고 싶었던 동생 베냐민에게 다른 사람보다 다섯 배나 되는 음식을 주어 각별한 관심과 애정을 표했습니다. 그렇게 그들은 불안을 벗어버리고 즐거운 시간을 가졌습니다. 그러나 형들을 향한 요셉의 시험은 여기서 끝나지 않았습니다.

요셉은 관리인에게 형들의 자루에 양식을 담고 다시 돈을 집어넣게 했습니다. 그리고 베냐민의 양식 자루에는 요셉의 은잔을 넣게 했습니다. 다음날 해가 뜨고 그들을 떠나보낸 후에 요셉은 자신의 병사들을 보내어 그들을 추적하게 했습니다.

전날 대접까지 잘 받은 형들의 일행은 유유자적하게 가고 있는데, 갑자기 군사들이 다가와서는 은잔을 찾으며 험악한 얼굴로 이렇게 다그쳤습니다. "너희가 어찌하여 선을 악으로 갚느냐"

(창 44:4). 혼비백산한 형들은 말했습니다. "당신의 종들 중 누구에게서 발견되든지 그는 죽을 것이요 우리는 내 주의 종들이 되리이다"(창 44:9). 짐 수색이 시작되고 곧이어 요셉의 은잔이 베냐민의 양식 자루에서 발견되었습니다. 사색이 된 형들은 옷을 찢었습니다. "이럴 수가, 이럴 수가. 이 일을 어떻게 하나." 탄식이 절로 나왔습니다.

성으로 압송된 형들과 베냐민이 다시 요셉 앞에 섰습니다. "너희가 어찌하여 이런 일을 행하였느냐"며 힐난하는 요셉 앞에 이제는 유다가 나섰습니다. "우리가 내 주께 무슨 말을 하오리이까. 무슨 설명을 하오리이까. 우리가 어떻게 우리의 정직함을 나타내리이까. 하나님이 종들의 죄악을 찾아내셨으니 우리와 이 잔이 발견된 자가 다 내 주의 노예가 되겠나이다"(창 44:16).

그러나 요셉은 단호히 거절합니다. "내가 결코 그리하지 아니하리라. 잔이 그 손에서 발견된 자만 내 종이 되고 너희는 평안히 너희 아버지께로 도로 올라갈 것이니라"(창 44:17). 그러자 유다가 요셉에게 매달려 간청합니다. 유다의 간청은 너무도 간곡했습니다. 자신이 베냐민을 대신하여 요셉의 종이 되겠다는 것입니다.

"이제 주의 종으로 그 아이를 대신하여 머물러 있어 내 주의 종이 되게 하시고 그 아이는 그의 형제들과 함께 올려 보내소서. 그 아이가 나와 함께 가지 아니하면 내가 어찌 내 아버지에게로 올라갈 수 있으리이까. 두렵건대 재해가 내 아버지에게 미침을 보리이다"(창 44:33-34). 유다는 자신을 걱정하지 않고 베냐민과 아버지를 걱정하고 있었습니다.

자신을 미워하여 노예로 팔았던 형들이 앞을 다퉈, 자신이 대신 벌을 받겠다는 것입니다. 요셉이 보기 원했던 것은 바로 이런 모습이었습니다.

형들은 지금 빛으로 나오기를 원했습니다. 자신의 잘못을 은폐하고, 서로 책임을 전가하는 악한 사람, 거짓의 사람에서 변화되기를 간절히 원했던 것입니다. 형들은 자신의 잘못을 인정하고 다른 사람을 위하여 기꺼이 자신을 내어놓겠다는 선한 사람으로 변화된 것입니다.

요셉은 형들의 변화된 모습에 그동안 억제했던 정을 더 이상 이길 수가 없었습니다. 요셉은 급히 시종하는 이집트인들을 내보냈습니다. 그리고 참았던 눈물을 터뜨리고 말았습니다. 그러고는 눈물로 뒤범벅된 목소리로 말합니다. "나는 요셉이라. 내 아버지께서 아직 살아계시니이까?" "가까이 오소서. 나는 당신들의 아우 요셉이니 당신들이 애굽에 판 자라." 형들은 놀라지 않을 수 없었습니다.

그리고 이어서 요셉의 가장 귀한 고백을 듣게 됩니다.

"당신들이 나를 이곳에 팔았다고 해서 근심하지 마소서. 한탄하지 마소서. 하나님이 생명을 구원하시려고 나를 당신들보다 먼저 보내셨나이다.…그런즉 나를 이리로 보낸 이는 당신들이 아니요 하나님이시라"(창 45:5, 8).

이것은 위대한 하나님의 사람, 진정으로 선한 사람, 요셉의 가장 위대한 신앙 고백입니다.

아프리카 흰개미 집을 보신 적이 있습니까? 이들은 모이기만 하면 집을 짓기 시작합니다. 가장 적절한 습도와 환기 조건을 갖춘 거대하고도 정교한 건축물을 짓습니다. 원뿔 모양의 로코코 양식의 성처럼 보이는 흰개미 집들이 아프리카 넓은 사막에 수도 없이 펼쳐져 있습니다. 누가 가르쳤을까요? 그들은 서로 모르고 태어나 각자의 지역에서 살다가 죽습니다. 그러나 집을 짓는 방식은 똑같습니다. 집을 지을 때 진두지휘하는 무리들이 있다고 합니다. 그런데 이들은 눈에 보이지 않는 신비한 위계 질서에 순응하고 있습니다.

인간의 몸을 구성하는 100조 개의 세포들도 각각 다른 세포들과 연결되어 서로에게 소속감을 느끼고 뇌의 통제를 받으며 우리를 살립니다. 내 몸이지만 내 마음대로 할 수 있는 것은 없습니다. 온 우주의 수많은 별들은, 은하계, 태양계 등 나름대로의 소속감을 갖고, 어떤 위계 질서에 순응하며 운행하고 있습니다. 거대한 태양도 자기 마음대로 할 수 있는 것은 없습니다.

"나를 이리로 보낸 것은 당신들이 아니라, 하나님이십니다"라는 요셉의 고백은 인간이라면 누구나 당연히 해야 하는 고백이 아닐까요? 마치 흰개미들이 모이면 자동적으로 집을 짓듯이, 별들이 태어나면 정해진 궤도를 따라 자동적으로 돌듯이.

요셉이 선한 것이 아니라, 우리가 악한 것입니다. 형들을 용서하는 요셉이 보기 드문 희귀종이 아니라, 복수하지 못하면 억울해하는 우리들이 특이한 존재입니다.

"우리는 그가 만드신 바라. 그리스도 예수 안에서 선한 일을 위하여 지으심을 받은 자니, 이 일은 하나님이 전에 예비하사 우리로 그 가운데서 행하게 하려 하심이니라"(엡 2:10).

'지으심'은 헬라어 원어로 '포이에마'입니다. 시poem, 작품이라는 뜻입니다. 내 삶 자체가 하나님마저 감동시키는 아름다운 시가 되기를 소원합니다.

5

믿음의
조상이
남긴 유산

"요셉이 그의 형제들에게 이르되 나는 죽을 것이나 하나님이 당신들을 돌보시고 당신들을 이 땅에서 인도하여 내사 아브라함과 이삭과 야곱에게 맹세하신 땅에 이르게 하시리라 하고, 요셉이 또 이스라엘 자손에게 맹세시켜 이르기를 하나님이 반드시 당신들을 돌보시리니 당신들은 여기서 내 해골을 메고 올라가겠다 하라 하였더라"(창 50:24-25).

24강

성경은 믿을 만한 기록인가?

반드시 기억해야 할 것은,
하나님은 살리는 일에 온 관심을
집중시키고 계신다는 사실입니다.

The Story of
Heaven

과연 성경은 믿을 만한 기록일까요?

이에 대한 의문은 기독교인이냐 아니냐에 상관없이 모두 다 한 번씩은 품어봅니다. 비기독교인들은 성경의 허구성에 대한 비판이나 공격의 끈을 놓지 않고 그 강도를 더욱 높이고 있고, 기독교 일각에서도 그와 유사한 작업이 계속되고 있습니다. 그들이 사용하는 도구는 인간의 이성입니다. 이성을 통해 발전된 학문과 이론 들을 사용하여 성경을 분석하며, 오류들을 찾아내 성경의 허구성을 증명합니다.

이에 대한 대부분의 기독교인과 교회 들의 주된 반응은, '의심은 곧 불신앙'이므로 무조건 믿어야 한다는 것입니다. 그렇게 하는 동안 기독교는 점점 더 설득력을 잃어갔고, 사람들은 기독교를 외면하게 되었습니다. 한편, 여전히 교회에 남아 있는 교인들은 점점 더 맹신주의자가 되거나, 어정쩡한 회의론자로 살아갑니다.

이 문제의 명확한 해결이 현대 교회에서 반드시 이루어져야 합니다. 세상에 대한 교회의 사명은 단순히 구제나 환경 문제, 도덕성 회복과 같은 것이 아닙니다. 가장 기본적이며 중대한 사명은 하나님의 진리를 보존하는 일입니다. 또한 각 문화와 시대에 맞는 언어로 그 상황 속에 살아가고 있는 사람들에게 생명의 길을 보이며, 그 길을 가게 하는 것입니다.

이 사명을 제대로 감당하기 위해서 가장 먼저 해야 할 일은 이성에 대한 기독교인들의 올바른 태도를 정립하는 일이며, 그래서 세상 사람들뿐 아니라, 교회 내 사람들에 대한 설득력을 회복하는 일입니다.

이성과 그 산물인 과학의 업적은 실로 대단한 것이어서, 하나님의 영역인 생명까지도 다루는 지경에 이르렀습니다. 또한 전문적이며 대단히 세련된 현대 언어로 현대 사회를 설득하고 이끌어가고 있습니다. 교회가 이성에 적대할 때, 교회는 이성과 과학의 공격 앞에 더욱 수세적일 수밖에 없고, 그래서 더욱 적대적인 태도를 보일 수밖에 없습니다.

이성은 기독교와 적대적인 것이 아니라, 하나님의 최고의 선물 중 하나입니다. 그러므로 기독교인들뿐 아니라, 모든 인간들은 이성을 더욱 고양시키고 이성의 힘을 더욱 첨예화해야 합니다. 그렇게 해오고 있는 것도 사실입니다. 그런데 잊지 말아야 할 것은 이성이란 모든 것을 판단하고 추진하는 '전가의 보도'가 아니라는 것입니다. 이성은 하나님의 선물 중 하나일 뿐입니다. 이것을 모르는 것이 현대인들의 문제이며, 이성이나 그 산물인 과학만이 전부라고 생각하는 것이 스스로 걸려든 올무입니다.

성경은 이성적인 언어뿐 아니라 신화적인 언어를 사용하여 기록된 문서입니다. 또한 성경은 당시 사람들의 언어로 기록된 문서이므로, 당연히 당시 사람들의 수준과 정황에 맞춰질 수밖에 없었습니다. 그러나 그런 것들은 부수적인 것입니다. 중요한 것은 기록의 목적입니다. 그 목적이 과학적인 사실을 전하는 데 있는 것이 아니라, 하나님의 지혜와 경륜을 전하는 데 있습니다. 또한 하나님의 지혜와 경륜은 세상과 사람을 살리는 데 집중되어 있습니다. 예수님은 그 목적을 다음과 같이 말씀하십니다.

"내가 온 것은 양으로 생명을 얻게 하고 더 풍성히 얻게 하려는 것이라"(요 10:10).

예수님은 하나님이십니다. 자존자이십니다. 남의 도움이 전혀 필요 없는 분이십니다. 또한 예수님은 본질을 꿰뚫고 계십니다. 무엇이 더 중요하고 덜 중요한지 잘 알고 계실 뿐 아니라, 각 사물들의 한계를 잘 알고 계십니다. 당연히 이성과 과학의 한계를 잘 알고 계십니다. 무엇보다 예수님은 사람들을 사랑하십니다. 그래서 실존적 공허로 허덕이며, 죄 가운데서 살아가는 사람들을 구원하기 위하여 이 땅에 오셨습니다.

생명 덩어리인 예수님이 친히 말씀하십니다.

"나는 하늘에서 내려온 살아 있는 떡이니 사람이 이 떡을 먹으면 영생하리라. 내가 줄 떡은 곧 세상의 생명을 위한 내 살이니라.…내가 진실로 진실로 너희에게 이르노니 인자의 살을 먹지 아니하고 인자의 피를 마시지 아니하면 너희 속에 생명이 없느니라"(요 6:51, 53).

그런데 예수님의 말씀에 대한 사람들의 반응은, "이 말씀은 어렵도다. 누가 들을 수 있느냐?"였습니다.

사람의 살과 피는 먹고 마실 수 있는 것이 아닙니다. 이것은 인간의 이성적인 판단입니다. 그러나 예수님은, 살기 위해서는 예수님의 살과 피를 먹고 마셔야 한다고 하십니다. 이성을 초월한 말씀입니다. 이성적으로 판단하여, 어떻게 예수님의 살과 피를 먹고 마실까 고심하기도 하고, 엉터리라고 결론을 내리기도 합니다. 예수님이 그에 대하여 이렇게 말씀하십니다.

"그러면 너희는 인자가 이전에 있던 곳으로 올라가는 것을 본다면 어떻게 하겠느냐. 살리는 것은 영이니 육은 무익하니라. 내가 너희에게 이른 말은 영이요 생명이라"(요 6:62-63).

그 말씀에 사람들은 또 이성적으로 판단하고 반응합니다. "사람이 하늘로 올라가? 어림도 없는 소리." 그런데 예수님은 살리는 것은 영이며 육은 무익하다고 하십니다. 이성만을 신봉하는 육적인 사람들은 영을 볼 수 없습니다. 본질을 알고 계시는 예수님은 "이성이 필요없다는 것이 아니라, 생명을 주는 데는 무익하다는 것"이라고 말씀하십니다. 무익하다는 것은 힘이 없다는 뜻입니다. 그 말을 다 들은 사람들 중에 많은 사람들이 떠나버렸고, 그중에는 제자들도 있었습니다.

그렇다고 예수님의 구원 사역이 중단된 것은 아닙니다. 예수님은 자신의 살과 피를 먹고 마시는 방법까지 스스로 만드시고, 그것을 사람들에게 알려주시고 승천하셨습니다. 바로 십자가에서의 죽음과 부활입니다.

기독교는 이성이나 과학과 적대적이거나 무관한 것이 아닙니다. 이성의 한계를 잘 알고, 이성과 과학을 초월해 있습니다. 예수님이 우리가 가기 원하시는 세계는 우리의 이성과 경험 너머의 세계입니다.

진정한 이성의 소유자, 과학의 진짜 구도자들은 이성과 과학의 한계를 너무나 잘 알고 있습니다. 최고의 천재 아인슈타인 박사나 스티븐 호킹 박사 모두 광대한 우주 배후에서 움직이는 하나님의 존재를 체험하고 최고의 경외감을 하나님께 돌리고 있습니다.

문제는 어설피 아는 것입니다. 자신의 경험과 판단이 다인 양 여기는 것이 가장 큰 문제입니다. 이것이 현대인들의 가장 큰 비극입니다.

과학은 우리에게 궁극적 목표를 설정해주거나 의미를 가져다줄 수 없습니다. 과학에는 근원적으로 이런 능력이 없습니다. 기술 역시 사람들에게 목적이나 의미 자체를 제시하지 못합니다. 단지 목적을 위한 수단만을 제공할 따름입니다. 사람들은 그것을 잘 알고 있습니다. 그래서 합리주의나 과학 앞에서 사람들은 "이게 전부가 아닌데"라는 막연한 생각을 가지고 서성거립니다. 그 결과, 세상 사람들은 비합리주의나 탈과학주의로 발걸음을 돌리고, 교인들은 신비주의나 미신으로 도피해버립니다.

그러므로 우리가 취해야 할 태도는, 성경 말씀을 성령의 도움으로 받고, 이성을 초월하여 예수님이 인도하시는 생명의 세계로 가고자 하는 것입니다. 반드시 기억해야 할 것은, 하나님은 살리는 일에 온 관심을 집중시키고 계신다는 사실입니다. 그러므로 불합리해 보이고 비이성적·비과학적으로 보인다 하여도, 그 배후에 숨겨진 생명을 찾겠다는 분명한 목적의식이 필수적입니다. 이러한 의식으로 성경을 읽어나갈 때, 비로소 세상에서는 찾을 수 없는 하나님의 비밀, 과학이나 기술이 제공할 수 없는 인생의 참목적과 의미를 체득할 수 있습니다. 더러워진 목욕물을 버린답시고 그 목욕물 안에 놀고 있는 아기까지 버리는 잘못을 더 이상 행하지 말아야 합니다.

성경의 신빙성은 학문과 과학의 발달로 인하여 훼손되는 것이 아니라, 오히려 더욱 높아지고 있습니다. 역사학, 성서고고학, 화학지질학 등의 도움으로 성경의 기록이 실제로 일어난 사건임이 증명되고 있습니다. 대단히 신나고 즐거운 일입니다. 오늘 다루는 문제가 그런 것입니다.

요셉은 일개 유목민 출신의 노예인데, 그가 과연 당시 최강대국인 이집트의 총리대신이 될 수 있는가에 대한 의문이 꾸준히 제기되어왔습니다. 단순히 설화이며, 과장된 이야기라는 것입니다. 그러나 그것이 사실임이 입증되었고, 성경 곳곳에 그 역사적 사실과

부합되는 기록들을 찾을 수 있습니다.

원래 농경민은 유목민을 대단히 천대합니다. 우리나라도 예로부터 짐승을 다루는 사람들을 백정이라 하여 마을과 분리시켜 그들만 사는 장소를 정해놓았습니다. 이집트 사람들도 마찬가지였습니다.

창세기 43장 32절에 재미있는 기록이 있습니다.

"그들이 요셉에게 따로 차리고 그 형제들에게 따로 차리고 그와 함께 먹는 애굽 사람에게도 따로 차리니 애굽 사람은 히브리 사람과 같이 먹으면 부정을 입음이었더라."

국무총리가 된 요셉이 형제들을 자신의 사저로 불러서 연회를 베푸는데, 이집트 사람들이 상을 따로 차렸다는 말입니다. 그 이유는 유목민인 히브리인들과 함께 식사를 하면 부정을 타기 때문이라는 것입니다.

창세기 46장 34절에 "애굽 사람은 다 목축을 가증히 여기나니 당신들이 고센 땅에 살게 되리이다"라는 기록이 있습니다. 이집트인들은 농경민으로서 유목민들을 천히 여겼습니다. 요셉과 이스라엘 사람들은 이집트인들이 천히 여기는 유목민이었습니다. 그래서 야곱과 그 식구들은 이집트로 이주한 다음 고센 땅에서 살게 되었습니다.

이집트인들이 천히 여기는 유목민 출신 요셉이 국무총리가 될 수 있었던 역사적 이유는 이미 설명드렸습니다. 이집트 16대 왕조 때에 중앙아시아 유목민인 힉소스 족이 이집트를 침공하여 왕조를 무너뜨리고 17대 왕조를 세웠습니다. 그런데 이 사건은 이집트의 역사 기록에는 없습니다. 그 이유는 최강대국으로서 자존심이 강한 이집트 사람들이 자신들이 패배한 사건은 기록으로 남겨두지 않았기 때문입니다. 그러다가 역사학의 발전으로 여러 나라의 기록들을 조사하는 과정에서 그 사실이 드러났습니다. 창피하다고 자신들의 패배 기록을 삭제하였으나, 상대 국가는 승리하였다고 크게 기록해놓았기 때문입니다.

힉소스 족은 힘으로는 이집트 왕조를 무너뜨렸지만, 이집트 백성들은 여전히 유목민 이방 족속의 왕조에 등을 돌리고 있었습니다. 이집트인들을 통치하는 일은 너무나 어렵고 힘든 일이었습니다. 그러다가 파라오가 꿈을 꾸게 되고 요셉이 그 꿈을 정확히 해석하자, 파라오는 탄복하여 같은 유목민 출신인 요셉을 국무총리로 임명했습니다. 이 통치상의 난제를 요셉이 어떻게 지혜롭게 풀어나가는지 성경에 자세히 기록되어 있습니다.

7년 동안 풍년에 곡식을 잘 저장해놓고 때를 기다리고 있는데, 드디어 기근이 시작되었습니다. 이집트 백성들이나 가나안 주민들이 돈을 들고 곡식을 사러 요셉에게 옵니다. 성경에는 이렇게 기록해놓았습니다.

"요셉이 곡식을 팔아 애굽 땅과 가나안 땅에 있는 돈을 모두 거두어들이고 그 돈을 바로의 궁으로 가져가니"(창 47:14).

그래서 힉소스 왕조의 재정이 넘쳐나기 시작했습니다.

기근이 계속되자 이집트 땅과 인근 지역의 돈이 고갈되고 파라오는 더욱 부유해졌습니다. 그러자 사람들이 와서 말합니다.

"돈이 떨어졌사오니 우리에게 먹을거리를 주소서. 어찌 주 앞에서 죽으리이까"(창 47:15).

그러자 요셉은 이렇게 말합니다.

"너희의 가축을 내라. 돈이 떨어졌은즉 내가 너희의 가축과 바꾸어 주리라"(창 47:16).

그래서 집에서 키우는 소나 말이나 양들을 확보했습니다. 특별히 말은 당시 군사력 증대에 필수적인 요소였기에 파라오의 군대는 더욱 강성해지고, 이집트 호족들의 군사력은 더욱 약화되었습니다.

기근은 계속되었습니다. 그러자 이집트 백성과 인근 주민들이 또 와서 요셉에게 간청합니다.

"우리의 돈이 다하였고 우리의 가축 떼가 주께로 돌아갔사오니 주께 낼 것이 아무것도 남지 아니하고 우리의 몸과 토지뿐이라. 우리가 어찌 우리의 토지와 함께 주의 목전에 죽으리이까. 우리 몸과 우리 토지를 먹을 것을 주고 사소서. 우리가 토지와 함께 바로의 종이 되리니 우리에게 종자를 주시면 우리가 살고 죽지 아니하며 토지도 황폐하게 되지 아니하리이다"(창 47:18-19).

"그러므로 요셉이 애굽의 모든 토지를 다 사서 바로에게 바치니 애굽의 모든 사람들이 기근에 시달려 각기 토지를 팔았음이라. 땅이 바로의 소유가 되니라"(창 47:20).

역사적 맥락을 알지 못하고 이 구절을 읽으면 도무지 이해가 되지 않습니다. 왕이나 황제는 그 국가의 땅을 모두 소유한 존재입니다. 왕조가 바뀌었다는 것은 그 나라 땅의 소유주가 바뀌었다는 말입니다. 그래서 왕의 소유의 땅을 백성과 귀족들에게 하사하고 분배한 것입니다. 또한 백성들이 굶주리면 당연히 왕이 그 문제를 해결해주어야 합니다. 그런데 백성들이 돈이나 가축이나 자신들의 토지를 가지고 와서 식량과 교환토록 하고, 그 모인 것들을 파라오의 명의로 돌리고 있습니다. 이것은 농경민인 이집트 백성들이 여전히 유목민 출신의 왕조를 배격하고 그에 저항하고 있으며, 그 저항을 제대로 통제하지 못하고 있었음을 의미합니다.

힉소스 왕조는 단지 군사적으로만 이집트를 차지했을 뿐입니다. 그런데 요셉으로 인하여 경제적으로도, 나아가서는 이집트의 토지까지도 손에 넣게 된 것입니다.

눈여겨볼 만한 구절이 창세기 47장 22절 이하에 기록되어 있습니다. 백성들로부터는 그렇게 하였지만 이집트 종교의 제사장들, 다시 말해서 종교 지도자들의 재산과 토지는 그대로 놔두었다는 내용입니다. 요셉은 종교의 힘을 잘 알고 있었고, 그래서 그들을 회유하여 자신의 편으로 만들었음을 뜻합니다.

이어서 요셉은 조세법을 제정합니다. "추수의 오분의 일을 바로에게 상납하고 오분의 사는 너희가 가져서 토지의 종자로도 삼고 너희의 양식으로도 삼고 너희 가족과 어린 아이의 양식으로도 삼으라"(창 47:24). 요셉은 이렇게 이집트 토지법을 제정하여 명실 공히 파라오로 하여금 이집트 전체를 통치할 수 있도록 조치를 취합니다. 당연히 힉소스 왕조의 파라오는 요셉을 신뢰하지 않을 수 없었습니다.

이러한 모든 일련의 일들은 단순히 하나님 백성의 번영만을 위한 일이 아닙니다. 하나님은 더욱 큰 그림을 그리고 계십니다. 요셉은 아브라함과 이삭과 야곱에 이은 믿음의 조상으로서, 한 가문을 통해 믿음의 씨를 잉태하고자 한 하나님의 계획을 충실히 이행하여, 가장 충실한 열매를 맺은 인물입니다. 이제 하나님은 그 열매로부터 얻은 씨앗을 이스라엘 민족 공동체로 이식할 계획을 가지고 계십니다. 그 계획의 일환으로 야곱과 그의 가족들을 이집트로 불러내신 것입니다. 이제 풍요로운 이집트는 이스라엘 민족 공동체를 형성하는 인큐베이터로서의 역할을 해낼 것입니다.

성경에 대한 난도질은 해볼 만큼 해보지 않으셨습니까?
맹목적으로 문자에 매달려 충분히 답답해보지 않으셨습니까?
이제 남은 일은 성경을 하나님의 말씀으로 받아들이고, 왜 하나님은 이렇게 하셨나, 그 마음을 헤아려보는 것입니다.

25강

야곱도 가고

아브라함과 이삭과 야곱과 요셉의 공통점은
많은 약점과 결점을 가진 보통 사람,
아니면 그 이하의 사람이라는 것입니다.
그런데 또 한 가지 중요한 공통점이 있습니다.
그것은 하나님의 약속을 믿었다는 점입니다.

The Story of
Heaven

"나는 내 때가 되기 전에 죽는다. 이제 내 몸은 다시 흙으로 돌아갈 것이다. 세계의 명장으로 불리던 내 운명도 이런 것이구나. 나의 이 깊은 비참함과 예수 그리스도의 영원한 왕국 사이에는 너무나 깊은 간격이 놓여 있다." 나폴레옹이 마지막으로 남긴 말입니다.

"나는 하나님과 사람으로부터 버림을 받았소. 당신이 내게 6개월만 생명을 연장시켜준다면 나에게 가치 있는 모든 것의 절반을 드리겠소. 난 두려운 지옥에 가게 되오. 오! 그리스도여." 최고의 지성, 프랑스의 볼테르가 의사에게 마지막으로 남긴 말입니다.

"내가 이 세상을 다 가지고 있다면, 그것을 하루치의 생명과 바꾸겠다. 하루만이라도 더 살고 싶다. 내 앞에 다가오는 저 세상을 조금만 들여다볼 수 있는 작은 구멍이라도 있었으면 좋겠다. 어둠 속으로 빨려 들어가는 것 같다." 영국의 회의론자 토마스 홉스의 마지막 말입니다.

"땅이 물러간다. 천국이 열린다. 내 하나님이 나를 부르시는구나. 나를 붙잡지 말라." 미국의 복음 전도자 D. L. 무디 목사의 마지막 말입니다.

"이 세상에서 가장 고귀한 분, 하나님이 나와 함께하신다." 감리교 창시자 존 웨슬리의 마지막 말입니다.

"물이 밀려들고 나도 밀려간다. 그러나 난 물 위에 올라 있다. 더 나은 세상이 열리고 있다. 죽음이야말로 아름답고 귀한 것이구나." 구세군 창시자 윌리엄 부스의 아내 캐서린 부스가 남긴 말입니다.

"예전에 헤어졌던 친구들을 만나게 될 날을 생각하니 너무나 기쁘다. 우리 하나님 아버지 집에서 만나면 다시는 이별이 없을 테니." 버마의 선교사 저드슨의 마지막 말입니다.

당신의 마지막 말은 무엇이 될까요?(〈생명의 삶〉 중에서).

웰빙well-being의 시대입니다. 그런데 웰빙은 건강한 먹을거리와 환경의 문제가 아니라 웰다잉well-dying의 문제입니다. 죽음을 해결하지 못한 삶은 결코 좋을 수 없습니다.

야곱은 147세가 되었을 때 하나님의 부름을 받았습니다. 그는 죽음을 앞두고 생애를 정리하면서 세 가지 중요한 일을 행합니다.

야곱은 요셉을 불러, "내가 조상들과 함께 눕거든 너는 나를 애굽에서 메어다가 조상의 묘지에 장사하라"(창 47:30)고 말합니다. 요셉은 "내가 아버지의 말씀대로 행하리이다"라고 분명히 말씀드렸습니다. 야곱은 재차 확인시켰습니다. "내게 맹세하라." 이것이 첫 번째 준비였습니다.

원래 히브리인들은 떠돌이 유목민이었습니다. 그들의 고향이라고 할 수 있는 곳은 아브라함이 떠나왔던 '하란' 땅입니다. 그러나 야곱이 말하는 선영은 하란 땅을 말하는 것이 아니라, 사라와 아브라함과 이삭이 묻힌 '세겜 땅 마무레 상수리나무 근처'를 말합니다. 이곳은 하나님이 정해주신 약속의 땅입니다. 여기에 믿음의 조상들과 함께 묻힘으로써 후손들로 하여금 그곳에서 자신들을 기리며 하나님 신앙을 공고히 하라는 당부입니다.

그렇다면 부모로서 자녀에게 무엇을 남겨야 할까요?

단신 월남한 강태영 할아버지는 자신이 모은 전 재산 270억을 한 방송사에 기탁하여 죽어가는 사람을 살리는 데 사용토록 했습니다. 자녀들에게는 그저 공부시키고 결혼시키고 아파트 한 채씩

물려주는 것으로 끝냈습니다. 그분은 이미 수년 전에 100억을 무명으로 음성 꽃동네에 기탁한 적이 있습니다. 이번에 이름을 밝힌 것은 자신과 같은 사람이 더 많이 나오기를 원해서라고 말합니다. 초등학교도 제대로 졸업하지 못하고 온갖 고생으로 모은 재산을 기꺼이 내어놓은 그분의 아름다운 뜻을 기리기 위하여 단국대학교는 그분께 명예박사 학위를 수여했습니다.

유산은 재산으로 남겨주는 것이 아니라 마음과 정신에 심어주는 것입니다. 강태영 할아버지의 자손들은 자자손손 할아버지의 귀한 뜻을 이어갈 것이며 분명히 건실하게 살아갈 것입니다.

성경은 자녀를 화살에 비유하고 있습니다.

"자식들은 여호와의 기업이요 태의 열매는 그의 상급이로다. 젊은 자의 자식은 장사의 수중의 화살 같으니, 이것이 그의 화살통에 가득한 자는 복되도다. 그들이 성문에서 그들의 원수와 담판할 때에 수치를 당하지 아니하리로다"(시 127:3-5).

이 시는 솔로몬이 지은 것입니다. 다윗이나 솔로몬은 누구보다도 자식이 많았습니다. 그러니까 화살이 화살통에 가득했다는 것입니다. 그러나 그의 자녀들은 결코 부모에게 상급이 아니었습니다. 오히려 수치를 안겨준 골칫덩이였습니다.

화살은 멀리 날아가야 좋은 것입니다. 그러나 과녁에 빗나가면 소용이 없습니다. 죄의 원뜻은 '과녁에 빗나가다'입니다. 과녁은 바로 하나님 자신입니다. 하나님을 향하여 정확하게 멀리 날릴 때, 자녀들은 여호와의 진정한 기업이 되고 부모에게 자랑스런 상급이 됩니다.

야곱은 그 과녁을 재차 확인시키는 일을 마지막 작업으로 하고 있습니다.

야곱이 두 번째 취한 조치는 요셉의 아들들을 불러 축복한 일입니다.

"내가 애굽으로 와서 네게 이르기 전에 애굽에서 네가 낳은 두 아들 에브라임과 므낫세는 내 것이라. 르우벤과 시므온처럼 내 것이 될 것이요"(창 48:5).

대단히 이상한 말입니다. 요셉이 낳은 두 아들, 야곱에게는 손자가 되는 에브라임과 므낫세를 자신의 아들로 삼겠다는 말입니다. 다시 말해서, 에브라임과 므낫세는, 요셉의 아들이 아니라, 요셉의 동생이 된다는 말입니다.

왜 야곱은 이런 이상한 조치를 내린 것일까요?

이것은 장자권 때문입니다. 요셉은 열한 번째 아들이었지만, 일찍이 야곱은 요셉을 장자로 점지하고 그에게 장자권을 상징하는 채색 옷을 입혀서 키웠습니다. 그로 인하여 요셉은 그 엄청난 고생을 해야 했습니다.

장자는 여러 가지 특권이 있지만, 특히 중요한 특권은 다른 형제들보다 두 배의 분깃을 상속받는다는 점입니다. 이 두 배의 분깃을 성경에서는 '배나 되는 축복' 즉 Double grace라고 부르고 있습니다. 이사야서 61장 7절에, "너희가 수치 대신에 보상을 배나 얻으며"라는 구절이 나오는데, 여기서 '보상'이라는 것이 바로 장자에게 허락된 분깃입니다.

요셉의 두 아들이 형제의 반열에 오름으로써 그들에게 각각 한 몫의 상속권이 주어집니다. 훗날 야곱의 열두 아들이 이스라엘의 열두 지파를 형성할 때 요셉 지파는 없어지고 에브라임과 므낫세 지파로 독립하게 됩니다. 이것은 요셉이 장자권을 확보했음을 의미합니다.

그런데 에브라임과 므낫세를 축복하는 과정에서 야곱은 마지막 돌출 행동을 합니다. 야곱은 자신의 아들이 된 므낫세와 에브라임을 불러 자신 앞에 무릎을 꿇게 합니다. 안수를 하려는 것입니다. 용의주도한 요셉은 아버지가 실수하지 않도록 조치를 취합니다.

"오른손으로는 에브라임을 이스라엘의 왼손을 향하게 하고 왼손으로는 므낫세를 이스라엘의 오른손을 향하게 하여 이끌어 그에게 가까이 나아가매"(창 48:13).

요셉이 취한 조치는 두 아들이 야곱의 앞에 앉을 때에 자연스럽게, 아버지의 오른손은 큰아들 므낫세의 머리에, 왼손은 작은아들 에브라임의 머리에 얹도록 한 것입니다. 오른손은 왼손보다 더 신성한 것으로 여겨 장자에게 얹어 안수하는 것이 올바른 행동이기 때문입니다.

아버지 야곱이 돌출 행동을 보인 것은 바로 그때였습니다. 갑자기 야곱은 손을 엇갈리게 하여 안수를 했습니다. 요셉은 놀라서 아버지에게 말씀을 올립니다. "아버지여 그리 마옵소서. 이는 장자이니 오른손을 그의 머리에 얹으소서"(창 48:18). 그러자 아버지 야곱이 말합니다. "나도 안다. 내 아들아 나도 안다"(창 48:19). 야곱은 알면서도 그렇게 한 것입니다.

야곱은 작은 아들로서 장자권에 목숨을 걸었던 사람입니다. 그러나 개인적인 판단으로 그렇게 한 것은 아닐 것입니다.

"하나님이 미리 아신 자들을 또한 그 아들의 형상을 본받게 하기 위하여 미리 정하셨으니 이는 그로 많은 형제 중에서 맏아들이 되게 하려 하심이니라"(롬 8:29).

믿음의 맏아들은 태어난 순서에 전혀 영향을 받지 않습니다. 누구나 될 수 있으며, 누구나 믿음의 맏아들이 되기를 하나님이 원하십니다. 장자권과 관련된 모든 사건에서 태어난 순서가 무시된 이유는 바로 여기에 있습니다.

'둘째 아들 신학The Second Son Theology'이라는 것이 있습니다. 하나님은 언제나 둘째 아들이나 약한 자를 택하여 하나님의 뜻을 펼쳐나가셨다는 것입니다. 가난한 자를 일으켜 부한 자를 부끄럽게 하셨고, 무식한 자를 세워 유식한 자를 꺾으셨습니다.

야곱이 마지막으로 행한 것은 모든 아들들을 불러 후일에 당할 일들을 일일이 이른 것입니다. 이것이 창세기 49장에 길게 언급되어 있습니다. 여기서는 요셉의 것만을 살펴보겠습니다. 창세기 49장 22-26절이 요셉에 관한 언급입니다. 그중에 압권은 창세기 49장 22절 말씀입니다.

"요셉은 무성한 가지, 곧 샘 곁에 무성한 가지라. 그 가지가 담을 넘었도다."

저는 이 구절을 가장 좋아합니다. 간결하나 대단히 힘찬 언어로 된 이 구절은 깊디 깊은 의미를 함축하고 있습니다.

야곱은 요셉을 '무성한 가지'라고 부르고 있습니다. '무성한 가지'는 히브리어로 '파라 바스parab bath'라고 하는데 '많은 열매를 맺는 나무'라는 뜻입니다. 요셉은 나무로 치자면 보잘것없는 작은 나무였고, 그가 자란 토양은 척박하기 이를 데 없는 것이었습니다.

한창 미래를 준비했어야 할 시절을 노예로, 죄수로 보낸 사람이었습니다. 그런 그가 많은 열매를 맺는 큰 나무로 성장한 것입니다.

사람들은 입지전적인 인물을 칭송합니다. 인생의 역경을 이긴 수많은 사람이 있습니다. 인생의 목표가 분명했고, 강한 집념과 의지로서 그 목표를 관철했습니다. 이들은 분명히 위대했고, 우리가 본받을 점이 있습니다.

그런데 하나님이 요셉의 생애를 통해 우리가 발견하기를 원하시는 것은 그런 것이 아닙니다. "요셉의 불굴의 의지를 배워라." "유혹에 넘어가지 않는 굳센 절개를 배워라." 이런 것이 아닙니다. 물론 힘써 배워야 할 귀한 덕목들을 요셉은 갖추었습니다. 그러나 성경은 위인전이 아닙니다.

하나님이 주기 원하시는 것은 이 땅에서는 발견할 수 없는, 하늘의 것, 영적인 것입니다.

아브라함과 이삭과 야곱과 요셉의 공통점은 무엇일까요? 이들의 공통점은 많은 약점과 결점을 가진 보통 사람, 아니면 그 이하의 사람이라는 것입니다. 그런데 또 한 가지 중요한 공통점이 있습니다. 그것은 하나님의 약속을 믿었다는 점입니다. 그래서 이분들을 믿음의 조상이라고 부르는 것입니다.

하나님은 약속하십니다. 그리고 그 약속을 성취하십니다. 약속과 성취 사이에는 긴 시간이 있습니다. 이분들은 믿음으로 그 긴 시간을 견디고 이겨낸 것입니다.

요셉은 많은 열매를 맺은 가장 큰 나무로 성장했습니다. 그가 원래 위대한 능력과 의지의 소유자였기 때문이 아닙니다. 그 이유는 샘 곁에 심겨졌기 때문입니다. 나무가 자라기 위해서 물은 필수적입니다. 나폴레옹도 큰 나무입니다. 그를 큰 나무로 성장시킨 물은 야망입니다. 콜럼버스도 큰 나무입니다. 그를 큰 나무로 성장시킨 물은 금에 대한 욕심과 불타는 모험심이었습니다.

요셉을 큰 나무로 성장시킨 물은 무엇입니까? 하나님 자신입니다. 요즘 젊은이들의 말로 하면, 요셉은 노는 물이 달랐습니다. 그가 노예였을 때에도, 죄수였을 때에도, 총리대신이었을 때에도, 그는 언제나 하나님 곁에 있었습니다. 그는 어리석을 정도로 그저 하나님 곁에 붙어 있었습니다. 하나님은 요셉에게 위로가 필요하면 위로를, 지혜가 필요하면 지혜를, 용기가 필요하면 용기를 주셨습니다. 먹을 것이 필요하면 양식을 공급하셨습니다. 히브리서 기자는 이러한 은혜를 '때를 따라 돕는 은혜'라고 했습니다.

마지막으로, 야곱은 "그 가지가 담을 넘었도다"고 말합니다.

시골 마을을 가다보면 감나무 가지가 담 밖으로 나와 있습니다.

그 감은 지나가는 길손들의 몫입니다. 마을에 큰 정자나무가 있습니다. 마을 사람들뿐만 아니라, 나그네들도 그 나무에서 쉬어갑니다. 그 나무에 열매가 열리면 누구나 다 따먹을 수 있습니다. 그 가지가 담을 넘었다는 것은 오직 내 식구, 내 집안만을 위한 존재가 아니라, 모든 사람들을 살리는 유익한 존재, 꼭 필요한 존재라는 것입니다.

오늘 한국 교회의 가장 절실한 목표가 무엇입니까? 담을 넘어가는 것입니다. 커다란 정자나무가 되어서 피곤한 영혼들이 안식할 수 있는 교회가 되어야 합니다. 많은 생명의 열매를 넉넉하게 나눠 주고도 남음이 있는 교회가 되어야 합니다. 그러기 위해서 해야 할 일은, 우리 주 예수 그리스도를 사랑하고 믿고 의지하고 힘입는 것입니다.

우리 청년들이 담을 넘어가기를 소원합니다. 원대한 하나님의 꿈을 꾸며, 그 꿈을 굳건한 믿음으로 이루어, 다른 사람을 살리는 요셉과 같은 지도자가 되길 바랍니다. 성경에서 하나님의 비전을 발견하고, 기도로 유혹과 나태를 단호히 물리치고, 성령의 능력을 힘입어 큰 나무로 성장하기를 간절히 바랍니다.

26강 | 창세기 50:15-26

요셉도 가고

삶은 죽음의 준비여야 합니다.
죽음을 잘 준비하기 위해서
필수적인 것은 '하나님 인식' 입니다.
하나님 인식이 제대로 이루어진 곳이 천국이며,
영생의 세계입니다.

The Story of
Heaven

사진작가인 윤광준 씨는 제주도 만장굴의 전 구간을 탐사한 적이 있습니다. 제주시 구좌읍에 있는 만장굴은 유네스코가 지정한 세계 자연 유산으로서, 규모나 지질학적 가치, 경관의 아름다움이 세계 최고입니다. 그 길이가 지하로 10km가 넘는데, 일부 구간만 일반인들에게 공개하고 있습니다.

탐사대 가운데 이 굴을 아는 사람은 아무도 없었습니다. 헤드랜턴과 예비 배터리와 물과 식량을 준비하였지만 지도도 없었으므로 모두 불안해했습니다. 다만 저 끝에 출구가 있다는 사실만 알고 있을 뿐이었습니다.

처음에는 짐짓 유쾌하게 이야기를 나누며 가볍게 걸었습니다. 그러나 한 줄기 빛조차 없는 지하 세계는 멈춰져 있었고 시간은 한

없이 더디게 흘렀습니다. 몸 하나 겨우 빠져나갈 구멍을 거치면 커다란 광장도 나왔고, 엄청난 수의 박쥐 떼들이 천장에 매달려 있기도 했습니다.

10km라면 세 시간이면 지날 수 있으리라 생각했는데, 가도 가도 끝이 보이질 않자, 어둠은 공포로 변했습니다. 누군가가 중얼거렸습니다.

"혹시 길을 잘못 든 것이 아닐까?"

그 말은 마음속에 있던 공포를 밖으로 끄집어냈습니다. 순식간에 분위기가 술렁거리기 시작했습니다. 온 길을 되돌아 나가자는 의견도 나왔습니다.

곧이어 내분이 일어났습니다. 서로 원망하기 시작했고, 고성이 오갔고, 자칫 치고받는 싸움마저 일어날 기세였습니다. 잠시 앉아 토론을 벌였습니다. 그래도 가보자는 결론이 났습니다. 동굴의 출구가 있다는 말을 믿어보자는 것이었습니다.

다시 출발했습니다. 그러나 누구도 말을 꺼내지 못했습니다. 과연 우리가 제대로 가고 있는 것일까? 출구가 있다는 말은 사실일까? 어둠은 가장 가까운 죽음처럼 숨통을 조였습니다. 얼마나 걸었을까, 누군가가 소리쳤습니다.

"끝이 보인다! 빛이다!"

동굴을 빠져나와 누가 먼저랄 것도 없이 땅에 무릎을 꿇고 살아 있음을 감사했습니다.

캄캄한 동굴에서 출구를 모른다는 것처럼 공포스러운 것도 없을 것입니다. 죽음 너머엔 과연 무엇이 있을까, 천국과 지옥이 있다는데, 나는 과연 어디로 갈 것인가? 짐짓 이런 것들을 외면하고 부인하지만 실은 가장 두려운 문제입니다.

성경은 죽음과 죽음 너머의 세계에 대하여 명확하게 설명하고 있습니다. 그런데 사람들은 이 사실을 부인하거나, 그저 막연하게 생각합니다. 그리고 사는 일에 몰두합니다. 하지만 죽음의 공포는 망령처럼 언제나 사람 위를 떠돌고 있습니다. 그래서 '콜록' 기침만 해도 '혹시 내가 폐암에…' 하는 불길한 생각이 듭니다. 이런 현상은 나이가 들수록 더합니다.

산다는 것은 곧 죽는다는 것입니다. 그러므로 죽는 문제를 먼저 해결해야 합니다. 죽음의 문제 해결은 바로 출구를 확인하는 것입니다. 만약 윤광준 씨가 다시 그 동굴에 들어간다면 절대로 불안하지 않을 것입니다. 유유자적하며, 불안해하는 사람들을 이끄는 훌륭한 리더가 될 것입니다. 또한 그 사람들도 다리는 좀 아파도 전혀 불안해하지 않을 것입니다.

동굴의 출구를 먼저 확인하고 입구로 들어가는 삶을 일컬어 '종말론적 삶'이라고 합니다. 죽음에 대한 명쾌한 해결만이 상쾌한 삶을 보장합니다.

요셉은 죽으면서 다음과 같은 유언을 남깁니다.

"나는 죽을 것이나 하나님이 당신들을 돌보시고 당신들을 이 땅에서 인도하여내사 아브라함과 이삭과 야곱에게 맹세하신 땅에 이르게 하시리라"(창 50:24).

그러고는 이스라엘 자손들에게 맹세시키기를 "하나님이 반드시 당신들을 돌보시리니 당신들은 여기서 내 해골을 메고 올라가겠다 하라"(창 50:25) 하였습니다.

그리고 요셉은 110세의 나이로 하나님께로 돌아갔습니다. 이스라엘 자손들은 요셉의 몸에 향 재료를 넣고 이집트에서 입관했습니다. 이 말은 이집트의 관습대로 미라로 만들어 이집트 땅에 보관했다는 뜻입니다.

그렇게 수습되어 이집트에 매장된 요셉의 몸이 이스라엘 땅으로 이전된 것은 그로부터 장장 430년 후입니다.

이집트 땅에 열 가지 재앙이 내려지고, 그 무섭던 마지막 밤, 이스라엘 백성들은 양을 잡아 문설주와 인방에 양의 피를 발랐습니다. 그러고는 옷을 입고 허리띠로 허리를 동이고 떠날 준비를 하고 있을 때에 하나님의 사자들이 이 땅에 내려와서 양의 피를 바르지 않은 모든 집의 장자의 생명을 끊어버렸습니다. 그리고 이어서 모세의 '떠나라'는 명령이 떨어졌습니다. 그러자 모든 이스라엘 가족들이 짐을 챙겨 거리로 나섰습니다.

"이스라엘 자손이 애굽 땅에서 대열을 지어 나올 때에 모세가 요셉의 유골을 가졌으니 이는 요셉이 이스라엘 자손으로 단단히 맹세하게 하여 이르기를 하나님이 반드시 너희를 찾아오시리니 너희는 내 유골을 여기서 가지고 나가라 하였음이더라" (출 13:18-19).

그 장엄한 광경을 눈에 그려보십시오. 소망의 땅, 젖과 꿀이 흐르는 가나안 땅을 향해 떠나는 200만의 이스라엘 대열을, 80세의 노인 모세와 함께, 430년 전에 죽은 요셉의 몸이 이끌고 있었던 것입니다.

목표를 세우고 앞을 내다보며 사는 것은 중요합니다. 그런데 400년 후, 나와 관련된 모든 것이 사라진 미래에서 오늘의 내 모습을 살펴보는 것은 더 큰 의미가 있습니다. 높은 산 위에서 내가 사는 모습을 내려다보듯이, 내 삶을 내려다보는 것입니다. 이렇게 미래의 시점에서 현재를 사는 것이 '종말론적 삶'입니다.

종말론적 삶은 그리스도인들의 가장 두드러진 특징 중 하나입니다.

대부분의 사람들은 과거 지향적인 삶을 살아갑니다. 왜냐하면 미래는 너무나 불투명해서 내다볼 수 없기 때문입니다. 그래서 미지의 미래를 두려워하고, 죽음을 가장 무서워합니다. 그런데 성도들은 이미 궁극적인 미래가 어떻게 될 것인지, 예수님을 통하여 배운 사람들입니다. 현재의 역경이나 불행이 어떻게 끝날 것인지 그 세세한 진행은 알지 못하더라도, 반드시 하나님이 영광스럽게 마무리 지으실 것을 믿으므로, 오늘 당당할 수 있습니다. 요셉은 하나님의 약속이라는 미래의 산에 올라, 자신의 현재를 바라본 사람입니다. 그러므로 그가 남긴 마지막 말은 너무나 당연한 것입니다.

"하나님이 당신들을 돌보시고 당신들을 이 땅에서 인도하여 내사 아브라함과 이삭과 야곱에게 맹세하신 땅에 이르게 하시리라"(창 50:24).

요셉은 하나님의 약속을 말합니다. 언제인지는 정확히 몰라도, 언젠가는 하나님이 반드시 이스라엘의 모든 민족을 약속의 땅으로 인도해내실 것이며, 그때에 비록 죽은 몸이지만 자신도 데리고 가 달라는 것입니다.

요셉에게 죽음은 인생의 끝이 아니라, 다른 세계로 들어가는 새로운 문입니다. 주 하나님이 기다리고 계시는 본향으로 들어가는 영생의 문입니다. 그때는 예수님과 얼굴과 얼굴을 맞대고 보며, 주께서 나를 아신 것처럼 나도 모든 것을 밝히 알게 되는 완성의 세계입니다.

그러므로 삶은 죽음의 준비여야 합니다. 죽음을 잘 준비하기 위해서 필수적인 것은 무덤과 수의가 아닙니다. '하나님 인식'입니다. 하나님 인식이 제대로 이루어진 곳이 천국이며, 영생의 세계입니다. 사망의 음침한 골짜기도 하나님을 인식하는 한 두려울 것이 없습니다.

하나님 인식을 포기한 것이 곧 타락입니다. 그 세계가 바로 지옥입니다. 하나님을 모르는 사람들이 그저 눈에 보이는 땅의 것에 집착하는 것은 당연한 귀결입니다. 그런데 땅의 것은 자꾸 변질되기도 하고 사라져버립니다. 예수님이 이런 말씀을 하셨습니다.

"너희를 위하여 보물을 땅에 쌓아 두지 말라. 거기는 좀과 동록이 해하며 도둑이 구멍을 뚫고 도둑질하느니라"(마 6:19).

그래서 그 많은 것을 쌓아두고도 허무해합니다. 또한 죽음으로 그 많은 것을 가지고 갈 수 없음을 잘 알고 있습니다. 그래서 죽는 그 순간까지 사는 것에 집착할 수밖에 없습니다. 하나님을 모르는 사람들은 죽음을 앞두고 추수가 끝난 쓸쓸한 들녘을 바라보는 허망함이 있으나, 하나님을 사랑하는 사람들은 그동안 살아오며 추수한 많은 것이 쌓여 있는 하늘 곳간을 생각하는 뿌듯함이 있습니다. 그리고 주님을 만날 기대감으로 넘칩니다.

요셉은 그런 사람이었습니다. 그래서 죽음으로부터 자유로웠고, 동시에 땅에서의 사건에 대하여 자유로웠습니다.

요셉의 자유로움의 극치를 보여주는 장면이 창세기 50장 15절 이하입니다.

아버지 야곱이 죽자, 형들은 두려움에 떨었습니다. 그동안 아버지를 봐서 자기들을 그냥 놔두었지, 이제 아버지가 돌아가셨으니까 요셉이 반드시 앙갚음을 할 것으로 생각했습니다. 그래서 아버지의 시신을 세겜 땅 마므레 상수리나무 곁 막벨라 굴에 안치하고 돌아온 요셉에게 무릎을 꿇고 목숨을 구걸했습니다. 아버지의 유언까지 들먹이며 자신들을 용서해달라고 간청합니다. 그 말을 들을 때에 요셉은 울었습니다.

성경에는 이렇게 기록되어 있습니다.

"너희는 이같이 요셉에게 이르라. 네 형들이 네게 악을 행하였을지라도 이제 바라건대 그들의 허물과 죄를 용서하라 하셨나니, 당신 아버지의 하나님의 종들인 우리 죄를 이제 용서하소서 하매 요셉이 그들이 그에게 하는 말을 들을 때에 울었더라"(창 50:17).

요셉의 눈물에는 요셉의 마음을 아직도 모르는 한심한 형들에 대한 안타까움도 포함되어 있었을 것입니다.

'아직도 모르다니….'

그리고 이렇게 말합니다.

"두려워하지 마소서. 내가 하나님을 대신하리이까?"

그리고 하나님이 자신을 총리대신으로 만드신 목적을 이렇게 말합니다.

"많은 백성의 생명을 구원하게 하시려 하셨나니."

"내가 하나님을 대신하리이까?"

이 말은 결코, 복수하는 것은 하나님이 알아서 하실 일이므로, 밉지만 나는 이를 악물고 참는다는 차원이 아닙니다. 하나님이 이렇게 저렇게 명령하시니까, 마음을 억누르고 참는 교인들이 얼마나 많은지 모릅니다. 하나님의 명령을 어기면 벌 받을 것 같고, 하나님의 명령이니 어쩔 수 없이 지켜야 하지만, 마음으로는 여전히 앙갚음하고 싶은 '분열의 딜레마'에 빠져버립니다.

겉으로는 웃고 있으나 속으로는 썩어가는 이런 문제의 단 하나의 원인은 하나님을 가장 사랑하지 않기 때문입니다. 하나님 대신 다른 무언가를 사랑하고 있기 때문입니다. 사랑하는 사람들의 가장 큰 특징은 다른 것은 안중에도 없다는 것입니다. 사랑하는 대상에 집중하면 할수록 그런 현상은 더욱 그렇습니다. 또한 속상한 것이 있어도 그 사랑의 관계 자체만으로 충분한 보상이 됩니다. 이것이 사랑하는 사람들이 너그러워지는 이유입니다.

사랑한다는 것은 곧 나를 잊어버린다는 것입니다. 그래서 진짜로 사랑하면 저절로 오래 참고, 저절로 온유해지며, 저절로 자랑하지 않으며, 저절로 교만하지 않게 됩니다. 진짜로 사랑하면 자연히 무례히 행치 않고, 저절로 자신의 유익을 구치 않으며, 저절로 악한 것을 생각조차 하지 않게 됩니다.

그래서 요셉은 저절로 형들에 대한 복수 따위는 안중에도 없게 된 것입니다. 하나님을 사랑하므로 저절로 이 땅에서 자신이 해야 할 일을 분명히 알았습니다. 자신이 할 일과 하나님이 하실 일을 분명히 구분할 줄도 알았습니다. 자신이 할 일은 그저 하나님의 약속을 믿으며, 온 생애를 통하여 하나님의 사명을 감당하는 데 전심을 기울이는 것이고, 나머지는 하나님이 알아서 처리하시는 것입니다. 그래서 요셉은 최선을 다하여 열심히 신나게 자유롭고 당당하게 살면서, 다른 사람들을 도우며 살리며 사랑하다가 아버지께로 간 것입니다. 자신의 죽은 몸까지도 하나님의 약속을 담아 후손에게 남겨주며, 하나님께로 달려간 것입니다.

여행이 끝나고 집으로 돌아오면 누구나 하는 말이 있습니다.

"역시 집이 최고야."

성도는 육신의 장막을 벗고, 나를 기다리시는 하나님을 만나, "하나님 아버지, 여행 잘 마치고 돌아왔습니다. 역시 이곳 하늘나라가 최고예요"라고 말하는 사람들입니다.

맺는글

"어쩌다가 이 모양 이 꼴이 된 걸까?"

김삼열(가명) 씨는 종이컵에 소주를 기울이다가 깊은 상념에 빠지기 시작했습니다. 서울역 지하도에서의 생활이 벌써 서너 달은 지났습니다. 그동안 세상과 정부 탓도 해보았고 가족 과 조상 탓도 해보았습니다. 모두 다 나름대로의 이유가 있었지만, 그저 '울컥' 하고 심정만 상하게 할 뿐, 무엇 하나 속 시원한 해답을 주지 못했습니다. 그래서 될 대로 되라는 심정으로 하루하루 술로 세월을 죽였습니다.

"어쩌다가 이 모양 이 꼴이 된 걸까?"

이스라엘 사람들도 바벨론 강가에 모여 같은 생각을 하였습니다. 두고 온 고향 예루살렘을 기억하며 우는 사람들도 있었습니다.

어쩌다가 나라를 바벨론에 빼앗기고 이렇게 포로가 되어 이국땅에서 고생을 하는 것일까? 서로 패망의 원인에 대해서 이야기를 나누다가 격론이 벌어지기도 하였습니다.

누군가 애끓는 심정을 노래하였습니다.

"우리가 바벨론의 여러 강변 거기에 앉아서 시온을 기억하며 울었도다. 그중의 버드나무에 우리가 우리의 수금을 걸었나니 이는 우리를 사로잡은 자가 거기서 우리에게 노래를 청하며 우리를 황폐하게 한 자가 기쁨을 청하고 자기들을 위하여 시온의 노래 중 하나를 노래하라 함이로다. 우리가 이방 땅에서 어찌 여호와의 노래를 부를까"(시 137:1-4).

여호와? 하나님? 그분이 살아 계시다면 왜 이런 일이 일어난단 말인가? 그때 노인 한 분이 일어나 입을 열고 조용한 목소리로 이야기를 시작했습니다. 하나님이 이스라엘 조상들에게 행하셨던 구원에 관한 이야기였습니다. 좌중은 조용해지고 여기저기 흩어져 있던 사람들은 한 줄 자리를 잡고 노인의 이야기에 귀를 기울였습니다. 하나님 이야기, 그 옛날 이집트의 노예를 구원하여 하나님의 제사장으로 만들어가시던 이야기를 듣는 동안 소망이 생기는 것 같기도 했습니다. 얼마나 지났을까, 한 사람이 일어나 이스라엘은 언제 어떻게 시작된 것인지 물었습니다. 노인은 여러 문헌과 구전을 인용하며 설명하기 시작했습니다. 바벨론에서 들은 신화와 설화 등을 인용하기도 했습니다.

너무나 아름답고 정교하게 만들어진 거대한 문이 있습니다. 그 문은 우리가 열고 들어가야 합니다. 그 문을 열 수 없다면 그 문이 아무리 아름답고 정교하고 거대하다 하더라도 소용이 없습니다. 그 문을 열기 위해서는 열쇠가 필요합니다. 그 열쇠 또한 그 문에 맞아야 합니다.

창세기는 천지 창조에 관한 모든 비밀과 내용을 하나도 빠짐없이 담은 책은 아닙니다. 창세기는 과학책이 아닙니다. 우리가 살고 있는 지구는 온 우주에 비하면 먼지만큼도 아닙니다. 그럼에도 우리들은 지구에 대해서조차 모르는 것이 아는 것보다 훨씬 더 많습니다. 그런데 지구의 생성 비밀보다 더 중요하고 시급하고 근본적인 문제가 있습니다. 지구에서 일어나는 혼돈과 무질서와 불의와 억울함의 문제들입니다. 이보다 더 근본적인 문제가 또 있습니다. 나 자신의 실존의 문제입니다. 과학과 심리학이 아무리 발전한들 이런 문제들을 근본적으로 해명할 수도 해결할 수도 없습니다. 과학이나 심리학이나 오락이나 이념이나 자기 수련은 우리 앞에 닫혀 있는 이 완고한 문을 열 수 있는 열쇠가 아니기 때문입니다.

창세기는 가장 근본적인 문제에 답을 하고 있습니다. 그 언어가 설화적이든 신화적이든 역사적이든 과학적이든 그다지 중요하지 않습니다. 창세기는 창조주는 하나님이시며, 모든 문제의 근본은 창조주 하나님을 떠난 데서 비롯된다고 설명하고 있습니다. 나아가서 그 문제를 어떻게 해결할 것인가에 대한 길을 제시하고 있습니다. 또한 하나님이 인도하시는 그 길을 믿고 따랐던 사람들의 여정을 그리고 있습니다.

어디로 가야 하는 걸까? 길이 없어서 문제가 아니라 너무 많아서 문제입니다. 그동안 길을 가지 않아서, 길가에 주저앉아 한가하게 게으름을 피워서 이렇게 된 것이 아닙니다. 길이 아닌 길을 갔기 때문입니다.

김삼열 씨는 다시 일어서기로, 또 열심히 가기로 결심했습니다. 노숙자의 떠도는 삶을 청산하고 재활 센터에 들어갔습니다. 며칠 몸과 마음을 추스르고 난 다음, 주어지는 일은 무엇이든 열심히 일했습니다. 번 돈을 열심히 저축했습니다. 그의 통장에 1,300만원이 모였습니다. 원망과 불평이 사라졌고 그 자리에 소망이 들어앉기 시작했습니다. 더 이상 실패의 원인 분석에 시간을 낭비하지 않게 되었습니다.

"길은 사람에게로 향한다." 맞는 말입니다.

사람이 길을 따라가는 것 같지만 그 사람에게 길이 다가오는 것입니다. 하나님이 창세기를 통해 열어놓는 생명의 길을 따라 걸어봅시다. 지금까지 가보지 못한 새로운 세계가 펼쳐질 것입니다.

또한 아브라함, 이삭, 야곱, 요셉이라는 개인을 넘어 이스라엘 민족 공동체를 움직이시는 하나님의 손길이 출애굽기를 통해서 확장될 것입니다. 그 손길은 혼돈과 공허와 흑암 가운데 헤매는 우리의 눈을 열어 높은 곳으로 인도할 것입니다.

창세기에 이어 출애굽기, 레위기, 민수기, 신명기로 이어지는 생명의 길을 준비하고 있습니다. 신앙의 선배들이 갔던 그 길을 십자가의 빛을 밝혀 다시 찾아보는 작업이 진행 중입니다.